기본소득과 좌파

기본소득 총서 ❺

기본소득과 좌파

유럽에서 벌어진 논쟁

필리프 판 파레이스 엮음
안효상 옮김

basic income

basic income

basic income

basic income

basic income

기본소득

basic income

basic income

basic income

basic income

박종철출판사

차 례

필자들 소개

필리프 판 파레이스 Philippe Van Parijs 루뱅대학 명예교수, 유럽대학연구소(플로렌스) 로베르 슈망 연구원, 너필드칼리지(옥스퍼드) 연구원. 저서로『모두를 위한 실질적 자유Real Freedom for All』(1995)(조현진 옮김,『모두에게 실질적 자유를 ― 기본소득에 대한 철학적 옹호』, 후마니타스, 2016년),『기본소득Basic Income. A Radical Proposal for a Free Society and a Sane Economy』(2017)(공저)(홍기빈 옮김,『21세기 기본소득 ― 자유로운 사회, 합리적인 경제를 향한 거대한 전환』, 흐름출판, 2018년) 등이 있다.

가이 스탠딩 Guy Standing 런던대학 동양아프리카연구소SOAS 연구원, 기본소득지구네트워크 공동창립자이자 명예 공동의장. 저서로『프레카리아트: 새로운 위험한 계급The Precariat: The New Dangerous Class』(2011)(김태호 옮김,『프레카리아트: 새로운 위험함 계급』, 박종철출판사, 2014년),『프레카리아트 헌장A Precariat Charter: From Denizens to Citizens』(2014),『기본소득: 그리고 그것이 일어날 수 있게 하는 방법 Basic Income: And How We Can Make it Happen』(2017)(안효상 옮김,『기본소득. 일과 삶의 새로운 패러다임』, 창비, 2018년) 등이 있다.

프랑신 메스트룸 Francine Mestrum 사회발전에 관한 연구자이자 활동가. 변혁적이고 보편적인 사회적 보호와 인류 공동선의 증진을 위해 활동하는 글로벌사회정의 Global Social Justice 의장. 유럽의 여러 기관과 브뤼셀대학, 안트베르펜대학, 헨트대학 등에서 일했다.

빈센테 나바로 Vincente Navarro 미국 존스홉킨스대학과 스페인 바르셀로나의 폼페우 파브라대학 공공정책센터의 정치학 및 공공정책 교수. 저서로『불충분한 복지, 불완전한 민주주의Bienestar Insuficiente, Democracia Incompleta』(2015) 등이 있다.

로빈 윌슨 Robin Wilson 독립 연구자. 저서로 『유럽의 문화적 다양성이라는 도전에 맞서기: 위기를 넘어 나아가기Meeting the Challenge of Cultural Diversity in Europe: Moving Beyond the Crisis』(2018) 등이 있다.

안케 하셀 Anke Hassel 헤르티거버넌스스쿨 공공정책 교수, 한스 뵈클러 재단의 경제사회조사연구소 학술 책임자. 저서로 『임금 결정, 사회 협약, 유로Wage Setting, Social Pacts and the Euro』(2006년) 등이 있다.

울리히 샤흐트슈나이더 Ulrich Schachtschneider 에너지 컨설턴트, 프리랜서 사회과학자이자 작가. 무조건기본소득유럽UBIE 이사. 연구 분야는 사회적, 생태적 전환, 지속 가능한 발전, 생태주의, 기본소득, 탈성장 정책 등이다.

루이즈 하그 Louise Haagh 요크대학 정치학 교수, 학술 저널 『기본소득연구Basic Income Studies』 공동편집인, 기본소득지구네트워크 의장. 저서로 『시민권, 노동시장, 민주화 Citizenship, Labour Market and Democratiztion』(2002년) 등이 있다.

헤닝 마이어 Hennig Meyer 『사회적 유럽』의 편집장, 런던정경대학의 공공정책그룹 연구원. 컨설턴트 업체인 뉴글로벌스트레지지New Globla Strategy Ltd.의 책임자이며, 『가디언』, 『디 차이트』, 『뉴욕타임즈』, 『엘 파이스』 등에 칼럼을 쓰고 있다.

말콤 토리 Malcolm Torry 시민소득트러스트 Citizen's Income Trust 의장, 런던 정경대학 사회정책학과 방문 선임연구원. 저서로 『모두를 위한 돈 Money for All』(2013), 『시민소득이 필요한 101가지 이유 101 Reasons for a Citizen's Income』(2015), 『시민소득의 실현 가능성The Feasibility of Citizen's Income』(2016) 등이 있다.

보 로트슈타인 Bo Rothstein 고텐부르크대학 정치학과 석좌교수이며, 옥스퍼드대학 블라바트니크 행정스쿨의 행정 및 공공정책 교수였다. 저서로 『사회민주주의 국가Social Democratic State』,(1996), 『정의로운 제도가 중요하다Just Instituruins Matter』(1998), 『사회적 덫과 신뢰의 문제Social Traps and the Problem of Trust』(2012) 등이 있다,

역자 서론

이 책은 온라인 매체《사회적 유럽Social Europe》에 실린 기본소득 논쟁을 묶은 것이다. 논쟁은 2013년에서 2017년 사이에 벌어졌다.

《사회적 유럽》은 2002년 반反세계화 운동의 흐름 속에서 처음으로 열린 '유럽 사회적 포럼European Social Forum'이 진행되면서 2004년 만들어진《사회적 유럽 저널Social Europe Journal》이 이름을 바꾼 것이다. 탄생 배경에서 알 수 있듯이, 진보적인 관점에서 정치, 경제, 노동, 환경 등의 문제에 관해 토론하는 온라인 매체다.

이런 매체에서 기본소득을 둘러싼 논쟁이 벌어진 것은 어쩌면 당연한 일이라 할 수 있지만, 구체적 계기는 필요했다.

2008년 경제위기와 그에 이은 유럽의 부채위기 속에서 기성 질서에 대한 대중의 반란이 일어났고, 이는 스페인과 그리스 등지에서 새로운 정치 세력의 부상으로 이어졌다. 이런 흐름 속에서, 이전에는 학계와 일부 사회운동에서만 논의되던 기본소득이 대안적인 정책으로 떠올랐다.

2013년에 '무조건기본소득을 위한 유럽시민발의European Citizens'

Initiative for an Unconditional Basic Income'가 시작되었다. 2007년 리스본 조약으로 도입된 유럽시민발의란 "유럽연합 시민이 유럽연합 정책의 개발에 직접 참여"할 수 있게 하는 제도다. 1/4 이상의 회원국에서 100만 명 이상이 서명하면, 유럽연합 집행위원회는 각국에 법적 조치를 취하도록 요구할 수 있다. 이때 진행된 유럽시민발의는 약 30만 명의 서명을 모으는 것에 그쳐 발의 자체는 실패했다. 하지만 이를 계기로 '무조건기본소득유럽UBIE'이 탄생하여 유럽을 아우르는 기본소득 운동을 벌이고 있으며, 2020년 9월 재차 유럽시민발의를 시작했다.

2013년에서 2014년에 걸친 유럽시민발의가 《사회적 유럽》에서 벌어진 기본소득 논쟁을 촉발시켰다면, 이후 핀란드의 기본소득 실험, 스위스 국민투표, 난민 위기 등은 논쟁을 더욱 확대시킨 계기가 되었다.

하지만 논쟁의 지반을 이루는 것은 고용 노동과 복지국가, 노동 윤리와 호혜성, 기본소득의 효과 등이다. 이렇게 보면, 비록 유럽에서 주로 사회민주당 계열의 좌파와 기본소득 지지자 사이에 벌어진 논쟁이긴 하지만 논쟁의 지점은 우리와 크게 다르지 않다는 것을 알 수 있다. 따라서 지금 한국에서도 본격적으로 그리고 현실적으로 벌어지고 있는 기본소득 논쟁에 시사점을 줄 수 있을 것이다.

각주는 모두 역자의 것임을 밝혀둔다.

2020년 10월 안효상

1. 기본소득과 좌파: 유럽에서 벌어진 논쟁

필리프 판 파레이스

좌파라는 단어가 산업사회라는 맥락에서 통용된 이래 좌파의 특징이라고 말할 수 있는 것이 있다면, 그것은 무엇일까? 아마도 자본주의적 착취는 부정의하고, 따라서 철폐되거나 적어도 감소되어야 한다는 단죄일 것이다. 하지만 왜 자본주의적 착취는 부정의한가? 누군가는 그 착취가 일부 사람들로 하여금 생산물을 생산하는 데 요구되는 노동에 어떤 기여도 하지 않으면서 생산물의 일부를 전유하도록 하기 때문이라고 말한다. 또 누군가는 그 착취가 프롤레타리아의 부자유에서 생겨났기 때문이라고, 그 착취가 다수가 형식적으로는 자유로울지라도 현실적으로는 자본 소유자에게 노동력을 파는 것 말고는 선택의 여지가 없다는 사실에서 유래하기 때문이라고 말한다.

대부분의 쟁점과 관련하여 보자면, 무엇 때문에 자본주의적 착취가 부정의한가라는 질문에 대한 이 두 가지 대답의 차이는 별로 관심을 끌지 못한다. 그러나 기본소득이라는 쟁점과 관련하여 보자면, 그 차이는 어마어마하게 중요하며, 왜 기본소득 제안이 급진적 좌파와 온건한 좌파 모두에게, 풍요로운 나라와 그보다 덜 풍요로운 나라 모두에서 그렇게 격한 논쟁의 대상이 되었는지를 설명한다. 전자의 견해를 가진 사람에게 무조건기본소득은 혐오스러운 것이다. 기본소득이란 기여하지 않고 돈을 벌 가능성을 모두에게 확장하는 것인데, 다행히도 현재 조건에서는 자본가 소수에게 제한되어 있는 가능성이다. 그와는 달리 후자의 견해를 가진 사람에게 무조건기본소득은 신이 내린 선물이다. 무조건기본소득은 자본가를 위해 일해야 한다는 강압에서 모든 사람을 해방한다.

좌파 내부에서 기본소득을 둘러싸고 근본적인 분할이 있다면 이런 것이다. 노동주의 좌파라고 부를 수 있는 것과 자유지상주의 좌파라고 부를 수 있는 것 사이의 분할. 그렇다고 해서 논전이 순수하게 철학적이라는 것은 아니다. 첫 번째 진영은 실제적인 어려움과 있을 수 있는 의외의 효과를 제출하는 데 열중할 것이고, 두 번째 진영은 환영할 만한 부수적 효과를 열거하려고 꽤나 애쓸 것이다. 더 나아가 첫 번째 진영에는 소소한modest 기본소득을 그럴듯한 차선으로 여길 생각이 있는 일부 실용주의자가 포함될 수도 있으며, 두 번째 진영의 일부에게는 현금 수당보다는 양질의 무료 공공서비스를 우선시하려는 마음이 생길 수도 있다.

필요한 논쟁

따라서 좌파 내부의 논쟁은 불가피하게 복잡하다. 또한 그 논쟁은 종종 불편하기도 하다. 기본소득 찬성 진영도 기본소득 반대 진영도 자신들의 논거 가운데 많은 것을 우파 출신 사람들이 가끔 입 밖에 낸다는 사실을 못 본 체할 수는 없어서 그런 것인데, 그들과는 보통 무엇을 도모한 적이 없었다. 그러나 좌파가 긴밀하게 연루된 수

많은 사건의 결과로 기본소득이 중심 무대로 이동하면서, 그러한 논쟁은 불가피한 것이 되었다. 그런 사건으로는, '찬성' 투표를 위한 모든 정치적 지지가 사회주의자와 녹색주의자에게서 나온 2016년 스위스 국민투표, 승리한 후보의 가장 두드러진 제안이 기본소득이었던 2017년 프랑스 대통령 선거를 위한 사회당 경선, 대부분이 여전히 계획 단계에 있지만 많은 경우 좌파로부터 나온 요구에 대한 응답인 일련의 실험 등이 있다.

짧은 에세이들로 이루어진 이 모음집에는 넓게 정의되는 좌파 내부의 기본소득 논쟁의 중심에 놓인 성격만이 아니라 복잡성까지 개략적으로나마 보여 주려는 목표가 있다. 모든 에세이는 앞서 2013년 7월에서 2017년 12월 사이에 『사회적 유럽』에 실린 것이다. 에세이들은 크게 보아 시간 순으로 실었다. 이로 인해, 독자들은 논쟁의 전개 과정을, 특히 일부 기고자가 서로에게 어떻게 반응했는지를 더 쉽게 따라갈 수 있을 것이다. 또한 일부 에세이가 당대의 사건과 관계를 맺는 방식이 더 투명해질 것이다.

기본소득은 『사회적 유럽』이 유럽과 그 너머로 확산되어 논의에 부쳐지는 데 일조하려는 수많은 아이디어 가운데 하나일 뿐이다. 그러나 기본소득은 특히 격렬한 논전에 방아쇠를 당긴 아이디어다. 어떤 버전의 기본소득을 승인하는 것으로 끝나든 그렇지 않든, 21세기에 사회민주주의, 좀 더 넓게는 좌파가 무엇을 의미하는지를 찾아내려는 누구에게나 기본소득을 진지하게 사고하는 것은 꼭 해야 하는 숙제라는 것을 이제는 부정하기 힘들게 되었다. 이 작은 책자의 포부는 그러한 진지한 사고를 위해 쉽게 소화할 수 있는 약간의 양식을 제공하는 것이다.

2. 지구적 자본주의가 만들어 낸 불평등에 맞서는 방법

가이 스탠딩 (2014년 5월 12일)

내년(2015년)은 국가에 맞선 최초의 계급 기반 자유헌장인 마그나카르타 800주년이다. 오늘날 우리에게는 프레카리아트[1]의 권리를 향상하고 사회의 불평등과 불안전을 실질적으로 줄일 수 있는 '헌장'이 필요하다. 이것이 나의 신간 『프레카리아트 헌장: 데니즌에서 시민으로A Precariat Charter: From Denizens to Citizens』(2014)의 테마다.

맥락은 분명하다. 우리는 '지구적 전환'의 한복판에 있으며, 지구화된 시장체제가 고통스럽게 이 전환 속에서 만들어지고 있다. 시장체제가 사회에서 뽑혀 나가는 국면에서, 전환은 칼 폴라니가 『거대한 전환』[2]에서 정리해 놓은 것처럼 금융자본의 이해관계에 지배되었다. 불평등은 몇 배가 되었고, 경제적 불안전이 만연해 있다. 무엇보다, 새로운 지구화된 계급구조가 모습을 갖추었다. 계급 차원을 무

---

1) 가이 스탠딩은 『프레카리아트. 새로운 위험한 계급』 제1장에서 "프레카리아트precariat"를 다음과 같이 설명한다. "프레카리아트는 불확실하다는 뜻의 'precarious'라는 형용사와 그 어근이 되는 '프롤레타리아트proletariat'라는 명사를 조합한 신조어라 할 수 있을 것이다."(김태호 옮김, 『프레카리아트. 새로운 위험한 계급』, 박종철출판사, 23쪽)

2) 홍기빈 옮김, 『거대한 전환 - 우리 시대의 정치, 경제적 기원』, 길, 2009년.

시하고 이루어지는, 불평등 증가에 대한 모든 경제적, 사회적 분석은 왕자 없이 햄릿을 연기하려는 것과 같다.

신흥 대중 계급은 프레카리아트다. 이들은 소득이라는 면에서는, 세계를 주름잡고 민주주의를 조작하며 임대소득을 긁어모으는 극소수의 과두 금권 정치 세력을 올려다보고 있으며, 이들 둘 사이에 있으면서 자본과 국가로부터 점점 많은 소득을 받는 샐러리아트를 올려다보고 있다.[3] 수가 감소하고 있는 옛 프롤레타리아트, 옛 노동계급은 노동 보장과 임금이 아닌 형태의 경제적 보장을 급속하게 상실하고 있다.

프레카리아트에게는 (안정적이지 않은 노동, 직업 정체성의 결여, 노동에 대한 '노동을 위해 해야 하는 일'[4]의 높은 비율 등등의) 독특한 생산관계, (잘해 봐야 정체되어 있고 보통은 너무 쉽게 변하는 화폐 임금에 의존하며, 지속 불가능한 부채에 기대서 생활하는) 독특한 분배 관계, 국가에 대한 독특한 관계가 있다. 이 마지막 측면은 별로 주목을 받지 못했다. 프레카리아트는 그동안 획득한 시민으로서의 권리 — 시민권, 문화권, 정치권, 사회권, 경제권 — 를 체계적으로 상실하고 있는 역사상 최초의 대중 계급이다.

프레카리아트는 탄원인으로 이루어져 있으며, 수급 자격을 얻기 위해 빌어야 하고, 정당한 절차 없이 제재를 당하며, 재량이 따르는

---

3) 가이 스탠딩은 『프레카리아트. 새로운 위험한 계급』 제1장에서 현재 사회에는 과거와는 달리 엘리트, 샐러리아트salariat, 프로피시언proficain, 육체노동에 종사하는 피고용인, 프레카리아트, 실업자, 사회에서 격리된 집단 등 일곱 개 집단이 있다고 설명한다. 샐러리아트란 "안정적 풀타임 고용 상태"에 있는 집단을 말하는데, "대규모 법인과 정부 기관 및 행정부에 집중되어 있으며, 공직자들도 여기에 포함된다."(『프레카리아트. 새로운 위험한 계급』, 24쪽)

4) 가이 스탠딩이 말하는 "노동을 위해 해야 하는 일work-for-labour"이란 노동자가 임금을 받지 못하면서도 해야 하는 일들, 예를 들면 자격증을 따기 위해 노력하거나 이력서를 쓰는 일 따위를 말한다. (『프레카리아트. 새로운 위험한 계급』, 250~252쪽)

자선에 의존한다.

이주자뿐만 아니라 점점 더 많은 사람이 데니즌으로 바뀌고 있는데, 이들의 시민권, 문화권, 사회권, 정치권, 경제권은 범위와 깊이에서 더 한정된다. 한나 아렌트가 "권리들을 가질 권리"라고 부른 것, 즉 적절한 시민권의 본질에 해당하는 것을 이들에게는 점점 더 주지 않는다.[5]

이것이 프레카리아트를 이해하는 열쇠다. 프레카리아트의 본질적 특징은 탄원자이자 거지이며, 국가나 국가를 대신하여 운영되는 사영화된 기관과 자선단체가 베푸는 재량이 따르고 조건부인 구호품에 의존하도록 내몰리고 있다. 프레카리아트를 이해하고 다가올 계급투쟁의 성격을 이해하는 데에는 불안전한 노동관계보다 이 탄원자 지위가 더 중요하다.

프레카리아트와 지구적 자본주의

프레카리아트의 처지는 지구적 자본주의와 그 바탕에 깔려 있는 분배 체제의 변화하는 성격이라는 면에서 이해해야 하는데, 이는 토마 피케티가 자신의 저서 『21세기 자본』에서 고심하지 않은 어떤 것이다. 20세기에는 인류 역사에서 고유하게도 소득분배가 주로 자본

---

5) 독일 유대인인 한나 아렌트Hannah Arendt(1906~1975)는 나치를 피해 미국으로 망명하는 과정에서 국가 없는 난민의 처지를 경험했고, 이 경험에 기초하여 『전체주의의 기원』(1951)에서 "권리들을 가질 권리"라는 개념을 제시했다. 인간이 그저 인간이기 때문에 권리를 가지는 게 아니라 권리를 가지기 위해서 개인들은 정치공동체의 구성원이 되어야 한다는 것이다. 오늘날 이 개념은 난민뿐만 아니라 이른바 불법 체류자, 재판 없이 무한정 구금되어 있는 사람, 가이 스탠딩이 말하는 신자유주의적 시장 근본주의의 확산 속에서 완전한 시민권을 누리지 못하는 사람까지 포괄한다.

과 노동 사이에서, 이윤과 임금 사이에서 이루어졌고, 국가가 과세, 보조금, 수당으로 이를 매개했다. 각각의 몫을 둘러싼 협상은 1945년 이후 기간에는 피고용인 대표가 판정승을 거두었지만 1970년대 말 이후에는 자본이 확실히 승리했다. 어디서나 기능별 소득분배는 국민소득에서 노동이 차지하는 몫이 극적으로 떨어지면서 더 불평등해졌으며, 무엇보다 중국을 포함하는 신흥 시장경제보다 불평등이 더 심한 곳은 없다.

하지만 우리 앞에 놓인 도전을 이해하는 열쇠는 위에서 말한 두 가지 요인이 맥락을 완전히 바꾸어 놓았다는 사실이다. 역사적으로 말하자면, 지구적인 개방된 노동시장에 대한 노동 공급은 1980년대 이래로 네 배가 되었는데, 신참은 모두 경제협력개발기구 회원국 노동자 중위소득의 1/3이나 그 이하로 노동하는 데 길들여진 사람이다. 이로 인해 '거대한 수렴'이 시작되었다. 그 수렴은 새로운 기술혁명으로 인해 더 쉬워졌는데, 그 기술혁명은 무엇보다 사업체가 비용이 가장 낮은 곳으로 생산과 업무를 옮기면서 분산될 수 있게 해 주었다.

금리생활자 소득

이런 새로운 맥락에서, 임대소득이 총소득에서 주요한 구성요소이자 계속 커지는 구성요소가 되었다. 이는 피케티가 현대 자본주의의 주요한 특색으로 보는 세습 자본주의라는 것보다 훨씬 중요하다. 지대는 몇 가지 형태로 들어오는데, 특히 이른바 지식재산권의 소유를 통해, 특허를 통해, 희소한 상품과 천연자원의 특권적 소유를 통해 들어온다. 작년(2013년)은 특허가 200만 개 이상 등록된 최초의 해였으며, 이로써 평균 20년 이상에 걸쳐 특허 소유자들에게 수조 달러가 보장된다.

지대 경제는 월급날마다 상환하는 단기 대출에 이르기까지 온통 확장되었는데, 여기서 프레카리아트 구성원들은 종종 5,000퍼센트가 넘는 구역질 날 정도로 높은 이자율로 착취당하고 있다. 지대 경제에는 국가가 사업체 및 샐러리아트와 엘리트에 속하는 풍요로운 사람들에게 주는 막대한 보조금이 포함된다.

프레카리아트가 지금 요구해야 하는 것은 새로운 분배 체제이지, 한계세율이나 평균세율을 땜질하는 것이 아니다. 실제로 피케티의 분석에서 가장 약한 측면은 예지력이다. 매우 높은 한계직접세율이 마련될 공산은 거의 없다. 구조적 변화가 필요하다.

'프레카리아트 헌장'은 프레카리아트가 직면한 불안전의 성격과 깊이를 이해하는 것에서, 그리고 프레카리아트 가운데 가장 교육을 많이 받은 구성요소에 존재하는 염원을 이해하는 것에서 출발해야 한다. 프레카리아트가 안정적인 풀타임 임금노동이라는 과거의 규범으로 돌아가기를 원한다고 상상하는 것은 아주 잘못된 것이다.

프레카리아트는 좋은 사회를 건설하기를 원하며, '미래'에 대한 감각을 회생시키길 원하며, 일, 노동, 여가가 어우러진 삶을 더 많이 추구할 수 있게 할 제도적 네트워크를 창출하기를 원한다. 그것은 프레카리아트 자신만의 직업의 의미를 확립한다는 것을 의미하는데, 거기서는 재생산하는 일의 생태학적 가치가 자원 소모적인 노동의 가치보다 우위를 차지한다.

지금 재분배될 필요가 있는 자산은 프롤레타리아트가 대중 계급으로 출현하고 있던 100년 전의 옛 사회주의 프로젝트 때와는 다르다. '프레카리아트 헌장'을 받쳐 주는 자산은 기본적 보장, 시간 통제권, 양질의 공간, 교육, 금융과 관련된 지식, 금융자본 등이다. 핵심적인 요구는 시민의 권리로서의 기본소득의 실현을 향한 조치다. 기본적 보장이 없다면 우리 가운데 누구도 합리적이고 사회적으로 책임 있게 되기를 기대할 수 없다. 그 길로 가는 방법을 찾도록 하자.

3. 기본소득과 사회민주주의

필리프 판 파레이스 (2016년 4월 11일)

무조건기본소득이라는 아이디어가 유행이다. 핀란드에서 스위스까지, 샌프란시스코에서 서울까지, 사람들은 이전과 달리 그 아이디어에 대해 이야기하고 있다. 기본소득은 짧게, 그것도 한 번에 한 나라에 한정되었긴 해도, 실제 공론에서 대상이 된 적이 두 번 있었다. 두 에피소드 모두에서 중도좌파가 중심적 역할을 했다.

첫 번째 논쟁은 제1차 세계대전 이후 영국에서 벌어졌다. 퀘이커교도이자 엔지니어인 데니스 밀너는 용케도 1920년 노동당 대회에서 "국가보너스" 제안을 논의에 부쳤다.[1] 제안은 부결되었지만, 당의 유력한 인물들은 그 이후 몇 년에 걸쳐 "사회배당"이라는 이름표를 붙여 이 제안을 변호했다. 그런 인물 가운데는 옥스퍼드대학의 경제학자이자 정치 이론가인 조지 콜과 장래에 노벨상 수상의 영광을 차지

---

1) 제1차 세계대전 종전 직전인 1918년 6월 데니스 밀너Dennis Milner와 메이블 밀너Mabel Milner 부부는 『국가보너스 계획: 사회문제를 해결하기 위한 합리적인 방법Scheme for a State Bonus: A Rational Method of Solving the Social Problem』이라는 팸플릿을 발간했다. 이들은 빈곤과 불안을 해결하기 위해 "삶과 자유를 유지"할 수 있는 현금 수당을 모두에게 지급할 것을 주장하면서 여기에 "국가보너스"라는 이름을 붙였다.

하는 제임스 미드가 있었다.[2]

두 번째 논쟁은 1960년대 말과 1970년대 초에 미국에서 벌어졌다. 장래에 노벨상 수상의 영광을 차지하는 또 한 사람인 제임스 토빈은 "데모그랜트"의 도입을 옹호했는데,[3] 이때 함께한 사람은 하버드대학의 경제학자이자 베스트셀러 작가인 케네스 갤브레이스Kenneth Galbraith이며 그 역시 민주당 좌파였다. 이들에게 설득되어 상원의원 조지 맥거번은 민주당 대통령 후보 지명 선거운동에서 이 제안을 자신의 프로그램에 포함시켰지만, 1972년 선거 몇 달 전에 뺐고 리처드 닉슨에게 패배했다.

훨씬 장기적이고 점점 더 지구적이며 현재 벌어지고 있는 논쟁은 1980년대에 유럽에서 일어났다. 조금 차이는 있지만 기본소득에 대한 관심이 여러 나라에서 거의 동시에 생겨났고, 이는 네트워크(기본소득지구네트워크BIEN)의 창립을 부추겼고, 이 네트워크는 지금 모든 대륙에 국가별 지부를 갖추고 있다. 하지만 이번에는 사회민주당 좌파가 결코 최전선에 있지 않고, 예를 들어 녹색당이나 자유주의 우파와 극좌파의 일부 구성원이 그들보다 훨씬 더 최전선에 있다.

---

2) "사회배당social dividend"이라는 개념은 오스카 랑게Oskar Lange(1904~1965)가 「사회주의 경제이론에 대하여 On the Economic Theory of Socialism」(1936)에서 처음 사용한 것으로 알려져 있다. 사회배당은 노동 제공에 대한 보상과 별도로 소비자에게 주는 소득을 말하는데, 이는 공공 소유 기업의 이윤에서 나온다.
    이보다 앞서 영국의 경제학자 콜George Cole(1889~1959)이 『경제 계획의 원칙 Principles of Economic Planning』(1935)에서 사회배당이라는 개념을 사용하지는 않았지만 사회주의 경제에서 사회적 순생산물을 현금으로 분배하자는 안을 제시했다.
    제임스 미드James Edward Meade(1907~1995)는 제2차 세계대전 이후 노동당 정부가 실시한 국유화나 국유기업에 대한 통제권은 국가가 가지면서 거기서 나오는 이윤은 마음대로 사용할 수 없게 했다고 비판하며, 거기서 나오는 수익을 사회배당의 재원으로 써야 한다고 주장했다.
3) "데모그랜트demogrant"란 민주주의democracy와 급여grant를 합쳐서 만든 개념으로, 제임스 토빈James Tobin의 제안으로 1972년 대통령 선거에 민주당 후보로 나선 조지 맥거번George McGovern은 모든 미국 시민에게 매년 1천 달러를 지급하는 데모그랜트 프로그램을 잠시 공약으로 내걸었다.

공통된 오해

기본소득에는 사회민주주의자들의 의구심에 방아쇠를 당길 수 있는 것이 무엇이 있으며, 기본소득에는 사회민주주의자들의 열정을 부추길 것이 무엇이 있는가? 이 질문에 대답하기 위해서는 무엇이 기본소득이고 무엇이 기본소득이 아닌지를 명확히 하는 게 중요하다.

기존 사회부조 계획안은 다음과 같은 세 가지 의미에서 무조건적이라고 할 수 있다. 수당은 현금으로 지급되며, 사회보장 기여금의 사전 납부라는 조건부가 아니며, 해당 나라의 시민으로 제한되지 않는다. 기본소득은 세 가지 추가적인 의미에서 무조건적이다. **개별적이다.** 기본소득은 수급자의 가구 상황에 독립적이다. **보편적이다.** 기본소득 수급 자격은 다른 원천에서 나오는 소득의 수준에 의존하지 않는다. **의무 면제**duty-free**다.** 기본소득은 일하고 있거나 일할 의사가 있는 사람으로 제한되지 않는다.

부자를 포함하여 모두에게 이러한 기본소득을 지급하는 것은 어리석은 일 아닌가? 아니다. 소득 심사가 없으면 부자가 더 좋은 것이 아니다. 그러면 빈민이 더 좋다. 사실 부자에게는 기본소득이 필요 없는데, 이는 이들이 현행 개인소득세 체제에서 그렇게 하듯 자신들 가운데 소득이 최하위인 층에 과세하지 않게 하거나 낮은 세율로 과세하게 할 필요가 없는 것과 마찬가지다. 물론 고소득자는 자신의 기본소득과 다른 사람들에게 지급되는 기본소득의 일부를 위해 돈을 낼 것이다. 소득과 무관하게 자동적으로 모두에게 지급되는 소득이 지니는 한 가지 큰 유리한 점은 자산 심사가 따르는 계획안에 비해 훨씬 효과적으로 빈민에게, 게다가 낙인을 찍지 않고 도달한다는 것이다. 또 다른 이점은 빈민이 발 딛고 설 수 있는 기반을 제공한다는 것인데, 이는 가난한 사람이 벌이를 시작하면 수급 자격이 박탈되기 때문에 쉽게 걸려드는 그물과 달리 이런 소득은 다른 벌이와 결합될 수 있기 때문에 그렇다.

일자리에 대한 권리를 소득에 대한 권리로 대체하는 것은 받아들일 수 없는 것 아닌가? 기본소득은 그런 종류의 일을 하지 않는다. 그와는 반대다. 기본소득은 유연하고 총명한 형태의 일자리 나누기를 제공한다. 기본소득은 일을 너무 많이 하는 사람이 노동시간을 줄이거나 직장 생활을 잠시 중단하기 더 쉽게 만든다. 기본소득은 그리하여 무직자가 자신이 고용될 곳을 자유롭고 더 쉽게 찾을 수 있도록 해서 파트타임으로 고용될 곳을 찾게 할 것인데, 이는 기본소득에 이들의 벌이가 더해지고 있기 때문이다. 그리고 기본소득이 제공하는 확고한 기반은 고용, 훈련, 가족 사이를 더 유동적으로 오가도록 도와, 심신의 소진과 조기 퇴직의 발생을 줄일 것이며, 그리하여 사람들로 하여금 고용을 자기 생애의 더 긴 기간에 걸쳐 연장할 수 있게 한다. 사회민주주의자들이 올바르게 강조하는 것처럼, 유급 노동에 다가갈 수 있다는 것은 이 일이 제공하는 소득으로는 환원되지 않는 여러 이유 때문에 중요하다. 일이라는 조건 없이 지급되는 기본소득을 옹호하는 사람들은 이를 부정할 필요가 없다. 이는 후한 무조건기본소득까지도 지속 가능할 것이라 확신하는 사람들 사이에서는 당연하게까지도 여겨진다. 그들은 더 많이 과세하게 되고 일하지 않는 것을 더 편하게 선택하게 되더라도 사람들은 그저 소득이라는 것보다 일이라는 것이 자신들에게 훨씬 더 많은 것을 의미한다는, 정확히 바로 그 이유 때문에 계속 일할 것이라고 가정한다.

복지국가의 종말?

기본소득의 도입은 우리 복지국가의 존재 자체를 위협하는 것 아닌가? 그와는 반대로, 기본소득은 복지국가를 구조하러 오는 것이다. 말할 필요도 없지만, 기본소득은 공적으로 재원을 마련하여 이루어지는 교육 및 건강관리에 대한 대안이 결코 아니다. 또한 기본소득은 노동자의 기여금으로 재원을 마련하는 소득 연계 사회보험 수당의 완전한 대체물을 제공할 것을 꾀하지도 않는다. 하지만 가구 구성원 각자에게 기본소득이 있게 되면, 현금 수당 수준과 현금 수당에 필요한 재원이 그에 따라 감소할 수 있으며, 현금 수당은 개별화되고 단순화될 수 있으며, 현금 수당에 따르는 조건과 연관된 덫의 깊이가 얕아질 것이다. 장기적으로 보더라도, 사회부조가 사라질 것이라고 기대할 수도 없다. 기본소득은 개별적이면서 보편적이기 때문에, 양식 있는 수준의 기본소득은 특정한 사정에 처한 사람들이 자산 심사가 따르는 추가적 수당 없이 지낼 수 있도록 할 수가 없다. 또한 무조건적인 기반이 주어질 경우, 덫은 줄어들 것이고, 이러한 조건부 수당에 의존하는 사람들의 숫자는 축소될 것이며, 사회사업 종사자가 맡고 있는 중요한 직무는 더 쉬워질 것이다. 기존 복지국가에 무조건적 기반을 마련하면, 적절하게 재조정된 우리의 사회보험과 사회부조 계획안은 해체되는 것이 아니라 강화될 것이다.

그럼에도 기본소득이 현행 두 가지 모델과는 근본적으로 다른 사회적 보호의 모델을 설정한다는 것은 사실이다. 따라서 현존 체제에 밀접하게 연루된 사람들이 도전받는다고 느끼고 저항할 것이라고 예상할 수 있다. 이런 일은 시市의 공공부조가 '교회'가 조직한 자선 단체의 독점에 도전했을 때인 16세기 초에 있었고, 국가가 조직한 연금 및 건강보험 체제가 빈민 구제 제도의 지위에 도전했을 때인 19세기 말부터 있었다. 사회민주주의자들과 노동조직에 기본소득에 대한 열정이 결여된 것이 우리의 복지국가의 많고도 많은 부분을 지금 이루고 있는 사회보험 계획안을 발의하고 발전시키고 경영하는 데 그들이 중요한 역할을 해 왔다는 점과 어떤 관련이 있다고 짐작한다고 해도 억지는 아니다.

그러한 저항은 충분히 이해할 만하며 정말이지 칭찬할 일이다. 우리의 사회보험 기반 복지국가는 사회정의라는 면에서 대단히 중요하며, 따라서 지킬 가치가 있다. 그러나 그렇다고 해서, 사회민주주의자들이 우리 세기의 요구에 더 잘 대처하기 위해 자신들의 교의를 긴급히 업데이트할 숙제가 면해지는 것은 아니다. 우리 세기는 무한한 성장의 바람직함과 가능성 둘 다 그 명백함을 영영 상실한 세기인데, 지난 세기에 사회민주주의자들은 그 명백함에 기대고 있었다. 우리 세기는 풀타임으로 평생 임금을 받고 하는 노동이 소수에게만 가능하고 바람직한 세기다. 우리 세기는 좌파가 자유라는 테마를 우파가 독점하게 할 수는 없는 세기다.

제3의 모델

사회적 보호와 관련하여 보자면, 우리 세기는 낡은 사회부조 모델 ─ 공공 자선─ 과 사회보험 모델 ─ 노동자 연대 ─ 둘 다와 근본적으로 다른 제3의 모델을 위한 여지를 마련할 것을 요구하는데, 사회민주주의자들은 이 두 모델과 밀접하게 연관되어 있으며 그것들을 지켜야 한다는 의무감을 지닌다. 오늘날의 도전에 대처할 수 있으려면 좌파에게는 "노동주의"에서 "사회주의"로 이동하는 것이 필요할 텐데, 말하자면 맑스의 착취 이론 이래 대부분의 좌익적 사고의 핵심에 자리를 잡고 있던 환상을 제거함으로써 그렇게 할 필요가 있다는 것이다. 좌파는 우리가 실제로 얻는 소득의 대부분은 (오늘날 자본가들의 금욕은 말할 것도 없고) 오늘날의 노동자들의 노력이 맺은 결실이 아니라 자본축적, 기술혁신, 과거로부터 물려받은 제도개선 등과 점점 더 많이 결합된, 자연으로부터의 선물이라는 점을 충분히 인정해야 한다. "노동주의" 관점에서 보자면, 이러한 선물을 받을 도덕적 자격이 있는 — 직접적으로 임금이라는 형태를 띠건, 간접적으로 일을 통해 수급 자격을 얻게 되는 사회수당이라는 형태를 띠건 — 사람은 현세대 노동자들인데, 이들이 지닌 숙련 기술의 시장가치, 노동시간의 길이, 협상력에 비례해서 그러하다고 한다. 진정으로 "사회주의적"인 관점에서 보자면, 이러한 선물을 받을 자격이 있는 사람은 사회의 모든 구성원인데, 남성과 여성 모두이고, 이는 잘 보호되는 풀타임 고용과 유급 노동 일반에 참여하는 정도와는 무관하다.

이와 같이 더 평등주의적이고 더 해방적이고 덜 남성 편향적인 관점을 지니면 무조건기본소득을 찬성할 가능성이 높다. 무조건기본소득은 좌파가 겁낼 어떤 것이 아니다. 그것은 좌파가 열정적으로 품어야 할 어떤 것이다. 좌파가 그럴 것이라는 어떤 조짐이 있는가? 여기 한 가지가 있다. 앤디 스턴Andy Stern은 최근까지도, 조합원이 200만 명에 가까운 미국에서 가장 큰 노동조합 가운데 하나인 국제서비스노조SEIU의 위원장이었다. 그의 신간 제목 자체가 이렇게 말한다. 『기반 높이기: 보편기본소득이 우리 경제를 재생하고 미국인의 꿈을 재건하는 방법Raising the Floor: How a Universal Basic Income Can Renew Our Economy and Rebuild the American Dream』.[4]

---

4) 앤디 스턴/리 크래비츠 지음, 박영준 옮김, 『노동의 미래와 기본소득 — 21세기 빈곤 없는 사회를 위하여』, 갈마바람, 2019년.

4. 기본소득이 진보적 해결책이 절대로 될 수 없는 이유
   ― 판 파레이스에 대한 응답

프랑신 메스트룸 (2016년 4월 14일)

기본소득 옹호자 대부분은 우파의 논거 ― 주로 일하려는 의향에 관한 것 ― 에 대답할 뿐, 자신들의 제안에 저항하는 좌파에게 타당한 논거가 있을 수 있을 것이라고는 상상하지 않는다.

그러한 의미에서 우리는 필리프 판 파레이스가 앞 장에서 기본소득을 변호하면서 사회민주주의에게 특별히 말을 거는 것을 고맙게 여겨야 한다. 하지만 그의 대답은 대단히 만족스럽지 못하다.

우리가 충분히 동의하는 평이한 논점에서 시작해 보자. 사회부조에 근본적 변화가 필요하다는 것 말이다. 무엇보다, 우리의 부유한 사회에 빈곤이 존재해서는 안 되기 때문에, 현행 자산 심사와 통제 메커니즘이 굴욕적이고, 가난한 인민의 역량을 강화하는 데 기여하지 못하기 때문에 그렇다. 빈곤의 "다차원성"에 대해 학술적으로, 경제적으로 이러쿵저러쿵하는 모든 이야기에도 불구하고, 가난한 인민이 빈곤에서 탈출하기를 우리가 원한다면 우리는 그들에게 무엇보다 먼저 소득이 필요하다는 것을 망각해서는 안 된다. 소득 보장이 이루어지고 난 이후 다른 문제 ― 건강, 교육, 주거, 부채 등등 ― 가 남는

다면, 사회사업 종사자를 이용할 수 있어야 하고 그들은 도울 준비가 되어 있어야 한다.

가난한 인민을 위한 보장된 최소 소득이 도입되어야 하고, 게다가 긴급하게 도입되어야 한다. 이것은 정말이지 개인적 권리가 될 필요가 있다. 이것은 가난한 인민만을 위한 것이어서 자산 심사가 있을 것임을 뜻하지만, 그들의 사생활에 개입하지 않고도 쉽게 이루어질 수 있다. 우리에게는 조세행정부터 사회보장에 이르기까지, 인민이 정당하게 요구하는 것을 주기 위해 이용할 수 있는 온갖 정보기술이 있다.

가난하지 않은 사람들은 어떻게 되는가?

왜 우리는 가난하지 않은 사람들에게도 기본소득을 주어야 하는가? 나는 확신에 찬 논거를 들어 본 적이 없다. 체제를 "단순하게" 유지하기 위해 그런다고들 말한다. 예를 들어 20억 유로— 보장소득을 빈곤 수준에 맞춘다면 벨기에에서는 이 정도일 것이다 —로 빈곤을 퇴치할 수 있다면, 그저 "체제를 단순하게 유지하기 위해" 왜 1,300억 유로 이상을 가외로 써야 하는가? 대가가 너무 크다.

기본소득이 보편적이어야 한다는 것이 또 다른 논거다. 버젓한 소득에 대한 권리 혹은 세계인권선언에서 말하는 것과 같은 적당한 생활수준에 대한 권리는 보편적이다. 권리는 보편적이며, 보조금은 그렇지 않고, 돈은 그렇지 않다. 가난하지 않은 사람이 적당한 생활수준을 누리고 있다면, 그들에게는 그보다 많은 것에 대한 권리가 있는 것일까?

가난하지 않은 사람들은 세금을 통해 어차피 돈을 다시 낸다는 것이 그다음 논점이다. 이는 가난하지 않은 사람들에게는 돈을 주지 말아야 한다는 또 다른 이유처럼 들린다. 돈을 다시 내야 하는 사람들에게 돈을 주어야 한다는 근거는 무엇이 될 수 있는가? 좀 더 진지하게 말하자면, 부자가 실제로 돈을 다시 낼 것인가? 「2016년 파나마 페이퍼」는 부자가 세금을 납부하지 않거나 세금 납부를 회피하기 위해 무슨 일이든 한다는 것을 다시 한 번 보여 주었다.

자산 심사와 관련된 또 다른 문제가 있다. 앞서 말한 것처럼, 자산 심사는 굴욕적이지 않은 방식으로 이루어질 수 있다. 나아가 대부분의 기본소득 옹호자는 지금 추가적인 "소득 연계 사회보험"을 찬성하고 있다. 사회부조조차 사라질 것이라 기대되지 않을 수 있다고 판 파레이스는 말한다. "기본소득은 특정한 사정에 처한 사람들이 자산 심사가 따르는 추가적 수당 없이 지낼 수 있도록 할 수가 없다."

요약하자면, 나는 가난하지 않은 사람들에게 돈을 주어야 하는 논거를 찾지 못하겠다.

사회보장과 연대

판 파레이스는 사회보장 일부와 심지어 사회부조 일부조차 남아 있어야 한다는 것을 인정한다. 그는 이를 위한 재원이 어떻게 마련되는지를 설명하지 않지만, 우리는 그가 빈곤선에 해당하는 보조금에 대해서는 조금도 생각하지 않고 있다는 것을 안다. 그러나 이 액수의 절반 — 벨기에의 경우 500유로 — 이라고 해도, 기본소득 고지서는 대략 700억 유로에 달할 것이다. 사회정책을 위해 남아 있을 비용을 여기에 더해 보자. 이를 모두 합하면 현행 사회적 보호 비용인 800억 유로보다 훨씬 많다. 우리는 국내총생산의 몇 퍼센트까지 내려고 할

까? 열쇠에 해당하는 이러한 재정 문제는 답변되지 않은 채로 있다.

문제들은 더 있다. 이 낮은 수준의 보조금을 받게 되면 인민은 여전히 노동시장에 나가 일해야 한다. 그렇다면 기본소득은 매우 빠른 속도로, 단순한 임금 보조금이 되거나 "미니잡"[1]을 향해 열린 문이 될 것이다. 이것이 진보적 해결책일 수 있겠는가?

판 파레이스가 손대고 있지 않지만 매우 중요한 마지막 논점은 우리의 현행 사회적 보호가 불완전하긴 하지만 만인의 수평적이고 구조적 연대를 토대로 삼고 있다는 점이다. 각자에게는 필요에 따라 주고, 각자에게서는 자산에 따라 걷는다. 사회보장이 평등을 증진할 것을 꾀한 것— 이를 위해서는 조세 체제가 있다 — 은 아니지만, 어쨌든 불평등은 줄인다. 소득이나 자원과 무관하게 누구에게나 동일한 액수가 주어지는 기본소득이라는 것은 불평등이 바뀌지 않고 그대로라는 것을 의미한다.

노동조합의 응답

노동관계의 변화 및 프레카리아트 증대와 관련하여 보자면, 이 정세를 받아들이고 기본소득으로 이를 해결하려고 시도한다는 이야기는 내게 다소는 냉소적으로 들린다. 과거에 노동자운동이 했던 것은 버젓한 임금과 노동조건을 위해 투쟁을 조직하는 것이다. 진보파는 현 정세와 사회적, 경제적 권리의 해체에 절대로 기뻐할 수 없다.

제2차 세계대전 이후 국제노동기구는 「필라델피아 선언」을 발표

---

1) 독일에서 2004년부터 시행된 "미니잡'mini jobs"이란 월 400유로(당시 환율로 약 500달러)를 넘지 않는 시간제 고용 형태를 말하는데, 근로소득세나 사회보장 기여금을 모두 고용주가 부담하여 많은 노동자가 여러 "미니잡"에 종사했다

할 수 있었다.[2] 거기서 회원국들은 "노동은 상품이 아니다"라고 선언했다. 그리고 실제로 사회적 투쟁과 그런 뒤에 출현한 복지국가 덕분에 노동과 자본의 세력 관계가 변했다. 확실히, 동유럽에 사회주의라는 위협이 존재한 것은 도움이 되었다. 그러나 장래에 권리와 노동자운동이 더 약해지는 것을 우리가 받아들여야 할 이유는 없다.

우리의 사회적 보호 체제는 분명 21세기 인민의 요구에 적응해야 한다. 이전처럼 해 나갈 수 있다고 믿어서는 안 된다. 기본소득 옹호자들은 우리가 직면한 많은 문제를 올바르게 지적한다. 그러나 대답이 하나만 있는 것은 아니며, 나는 기본소득은 사회적 보호를 탈정치화하므로 최선이라 생각하지 않는다. 그렇지 않다면 유일한 대답은 이런 것이다. 우리는 사회적 보호를 다시 사고하고 강화하고 넓힐 수 있어야 하며, 무엇보다 노동자만이 아니라 모든 인민을 끌어들일 수 있어야 한다.

사회보장과 사회부조의 분할은 포기해야 하며, 재생산적 일과 생산적 일의 이분법은 사라져야 한다. 우리의 권리는 개별적이고 보편적이지만, 우리는 우리 사회를 보호할 수도 있어야 한다. 나는 사회적인 "공유지commons"를 청하고 싶다. 인민이 다시금 사회적, 정치적 행위자가 될 수 있고 자신이 무엇을 위해 싸워야 하는지를 아는 해방된 인민이 될 수 있는 민주적이고 참여적인 체제 말이다.

세계의 부를 함께 나누는 체제, 판 파레이스의 목표로 보이는 체제를 도입하기를 원한다면 그렇게 하려고 할 수도 있다. 그러나 이를 사회적 보호에 대한 대안으로 보는 것은 잘못이다. 수만 명의 인민이

---

2) 1944년 5월 국제노동기구ILO는 미국 필라델피아에서 열린 제26차 회의에서 「국제노동기구의 목적에 관한 선언」, 일명 「필라델피아 선언」을 발표했다. "노동은 상품이 아니다"는 기본 원칙의 첫 번째 조항이며, "표현과 결사의 자유는 부단한 진보에 필수적이다." "일부의 빈곤은 전체의 번영을 위험하게 한다." 등의 조항도 담겨 있다.

지난 몇 주(2016년) 동안 자신의 노동권을 지키기 위해 프랑스에서 행진했다.[3) 진보파는 이들에게 귀를 기울여야 한다.

3) 프랑스에서 2016년에 「노동과 관련한 사회적 대화의 현대화 및 전문직 경력의 보장에 관한 법률」이 공포되자 노동자들이 파업을 벌였다. 사회당 올랑드 정부는 낮은 성장률과 높은 실업률 때문에 매우 낮은 지지를 얻고 있었고, 이를 타개하기 위한 조치의 일환으로 노동법 개혁에 나섰다. 제안자인 고용부 장관 미리암 엘 코므리Myriam El Khomri의 이름을 따 "엘 코므리 법"이라고 불리는 이 법률은 주당 최고 노동시간을 연장하고 해고의 자유를 확대하는 내용을 담고 있어서 제안 시점부터 노동계의 반발을 불러일으켰다. 3월 31일에는 100만 이상이 참여한 집회가 열렸고, 이후 전국적인 철야 운동Nuit Debout이 벌어졌으며, 파업이 이어졌다. 이 과정에서 법률 원안에 대한 수정이 이루어졌으나 기조는 바뀌지 않았다.

5. 유로배당

필리프 판 파레이스 (2013년 7월 3일)

비판하기는 쉽다. 제안하기는 그보다 어렵다. 하지만 여기 하나의 단순하고 급진적인, 하지만 — 내가 앞으로 논할 것인데 — 합당하고 긴급한 제안이 있다.

유로배당Euro-dividend이 내가 그 제안을 부르는 방식이다. 그 제안은 유럽연합의, 아니면 최소한 유로를 채택하여 쓰거나 곧 그렇게 하겠다고 언명한 회원국들의 모든 합법적인 거주자에게 소소한modest 기본소득을 지급하는 것으로 이루어진다. 이 소득은 각각의 거주자에게 보편적이고 무조건적인 기반을 제공하며, 마음이 내키면 노동소득, 자본소득, 사회수당 등으로 보충할 수 있다. 수준은 생계비에 따라 나라마다 다를 수 있으며, 청년은 더 적고 노년은 더 많을 수도 있다. 재원은 부가가치세를 통해 마련해야 한다. 모든 유럽연합 거주자에게 매달 평균하여 200유로의 유로배당을 지급하기 위한 재원을 마련하려면, 대략 20%를 표준으로 유럽연합에 똑같이 부가가치세를 과세할 필요가 있으며, 이는 유럽연합 국내총생산의 10% 가까이에 달할 것이다.

왜 우리에게 이렇게 유례없는 계획안이 필요한 것일까? 네 가지 이유 때문이다. 가장 긴급한 것은 유로존의 위기와 관련이 있다. 미국은 50개 주가 다양하고 그 경제적 운명이 갖가지임에도 그토록 오랫동안 단일통화로 버텨 온 데 반해 왜 유로존은 10년 만에 심각한 곤란에 처했을까? 밀턴 프리드먼Milton Friedman부터 아마티야 센Amartya Sen까지 경제학자들은 계속해서 우리에게 경고해 왔다. 미국에서 환율 조정에 대해 개별 국가가 이용할 수 있는 강력한 대체물로 쓰이는 완충 메커니즘 두 가지가 유럽에는 결여되어 있다고 말이다. 그 가운데 하나는 주州 사이의 이주다. 주어진 기간에 다른 주로 이동하는 미국 거주자의 비율은 다른 회원국으로 이동하는 유럽연합 거주자의 비율보다 대략 여섯 배 높다. 유럽인들이 좀 더 쉽게 이동할 수 있게 될 수는 있다. 그러나 우리의 철통같은 언어 다양성은 이 첫 번째 메커니즘을 증폭하리라고 얼마나 많이 기대할 — 또는 사실상 희망할 — 수 있는지에 관해 매우 엄격한 한계를 지운다. 미시간 주 디트로이트의 실업자가 텍사스 주 오스틴으로 이주하는 것만큼 원활하게 그리스 아테네의 실업자가 독일 뮌헨으로 이주할 수는 절대로 없을 것이다.

'달러' 존의 두 번째 강력한 충격 완화 메커니즘은 자동적인 주 사이 이전으로 이루어지는데, 본질적으로 그러한 이전은 주로 연방 수준에서 조직되고 재원이 마련되는 복지국가가 작동하면서 일어난다. 미시건 주나 미주리 주는 경제적으로 곤란을 겪어도 소용돌이치는 듯한 악화 상태에 빠져들지 않는다. 유출 이주로 그곳의 실업 사태가 누그러지는 것만이 아니다. 이외에도 세금 채무가 축소되고 수당 지급이 팽창하는 탓에, 사회지출의 늘어난 부분은 사실상 이 나라의 나머지 지역에서 재원을 마련하는 셈이다. 이용되고 있는 방법론에 따르자면, 자동적 보상의 정도는 20%와 40% 사이로 추산된다. 이와는 대조적으로, 유럽연합에서는 어떤 회원국의 침체가 국가 사이의 순 이전을 조정함으로써 경감되는 것이 1%에도 달하지 않는다. 이주 메커니즘의 전망이 초라하다고 할 때, 유로존에게는 이 두 번째 메커니즘을 도외시할 여력이 없다. 그것은 어떤 형태를 띠어야 하는가? 우리는 유럽연합을 아우르는 대형 복지국가를 가지지 못할 것이고 가져서도 안 된다. 우리에게 필요한 것은 더 소소하고, 훨씬 거칠고, 더 일괄적이며, 따라서 유럽연합의 보충성 원리[1]에 부합하는 어떤 것이다. 그것이 실행 가능할 것이라면, 우리의 화폐 연합은 여러 가지 새로운 도구를 갖출 필요가 있다. 그 가운데 하나가 유로배당 같은 어떤 것일 수밖에 없는 충격 완화 메커니즘이다.

이전 연합

그러한 초국적 이전 계획안을 유럽 전체에 적용해야 하는 두 번째 이유를 보자. 유럽 대륙의 언어적, 문화적 다양성은 국가 사이 이주에 더 많은 비용이 들게 하고 따라서 그로 인해 영향을 받는 개인들에게 이주가 덜 유망한 것이 되게 하는 것만이 아니다. 그러한 다양성은 해당 공동체들의 복지 혜택을 줄이고 비용을 증가시키기도 한다. 새로운 환경에 경제적으로도 사회적으로도 통합하는 데에는, 미국의 주 사이 이주의 경우와 비교할 때 시간이 더 많이 들며, 더 많은 행정적, 교육적 자원이 필요하며, 더 오래 지속되는 긴장을 만들어 낸다. 더 가난한 나라에서 더 풍요로운 중심지로 이주자가 모여

---

1) 보충성 원리subsidiarity principle란 행동의 우선권은 언제나 소단위에 있고 소단위의 힘만으로 처리될 수 없는 사항에 그다음 상급단위가 보충적으로 개입할 수 있다는 법률용어다. 이는 유럽연합을 수립할 때 마스트리흐트 조약에 명시되었다.

들면서, 소화할 수 없는 무리가 침입했다는 느낌은 두꺼운 장벽을 복원하고 자유로운 이동과 차별 금지를 모두 거부하려는 충동에 자양분을 공급한다. 그러나 대안은 있다. 중심부에서 주변부로의 체계적인 이전을 조직하는 것이다. 사람들은 더는 그저 살아남기 위해 뿌리를 뽑히고 친척과 공동체에서 내몰릴 필요가 없게 될 것이다. 그 대신, 인구가 충분히 안정화되어, 끌어당기는 지역에서는 유입 이주를 소화할 수 있게 되고, 주변부 지역에서는 자신을 쇠약하게 만드는 유출 이주를 막게 될 것이다. 이것이 정치적으로 지속 가능하고 사회경제적으로 효율적인 것이 되려면, 자유로운 내부 이주를 보장하는 유럽연합이 유로배당 노선에 따른 어떤 것을 도입해야 한다.

세 번째이자 가장 근본적인 이유는 자본, 인적 자본, 재화와 서비스 등이 회원국 국경을 자유롭게 이동하면 각 회원국이 재분배 업무를 수행할 역량이 침식된다는 것인데, 과거에는 그런 업무를 매우 잘 이행했다. 회원국들은 더는 자신들의 우선 과제를 민주적으로 정하고 시민들 사이에서 연대를 실현할 수 있는 주권국가가 아니다. 회원국들은 점점 더 업체처럼 행동할 수밖에 없어서, 경쟁력에 사로잡히고, 자본과 인적 자본을 끌어들이거나 유지하기를 갈망하고, 투자 대상으로서 매각될 수 없는 사회지출을 완전히 없애는 일에 열심이고 복지 관광객[2]과 그 밖의 비생산적인 사람들을 끌어들일 듯한 계획안을 점차 줄이는 일에 열심이다. 시장에 자기 규칙을 강요하고 자기 목적을 위해 시장을 이용하는 것이 민주주의인 것이 이제는 아니다. 자기 법률을 민주주의에 강요하고 민주주의가 경쟁력을 최우선 과제에 두지 않으면 안 되게 만드는 것은 단일시장이다. 사회연대를 조직

---

2) 1990년대 만들어진 정치적 용어이며, 2004년 유럽연합이 확대되면서 새로 가입한 회원국 시민들이 복지 혜택을 누리기 위해 기존 회원국들로 가는 현상을 가리키기 위해 널리 쓰이게 되었다.

하는 우리의 다양한 방식을 금융적, 사회적 경쟁이라는 손아귀에서 구출하려면, 그 방식 가운데 일부가 더 높은 수준으로 올라야 한다. 하나가 된 유럽 시장이 유로배당과 같은 어떤 것의 기초 위에서 작동하지 않는다면, 우리 복지국가의 힘과 다양성은 경쟁력의 흉폭한 압력 아래 살아남지 못할 것이다.

끝으로 유럽연합의 결정이 적법한 것으로 간주되어야 한다는 점은 유럽연합이 기능하는 모든 차원에서 중요하며, 그래야 정부와 시민들은 그 결정을 온갖 방법으로 함정에 빠뜨릴 자격이 없다고 느낄 것이다. 여기서 중요한 한 가지 요인은 유럽연합이 시민 모두를 위해, 즉 엘리트만을 위해서도 아니고 이동한 사람만을 위해서도 아니고 새로운 기회를 잡을 지위에 있는 사람들만을 위해서도 아니라 약자를 위해서도 남겨진 사람을 위해서도 고향에 머물러 있는 사람을 위해서도 어떤 것을 한다는 것을 시민들이 매우 확실히 인식할 수 있는지 여부에 달려 있다. 비스마르크는 세계 최초로 공적 연금 체제를 창안함으로써, 자신이 통일한 독일의 흔들리던 적법성을 보장하는 데 일조했다. 유럽연합이 무정한 관료제가 되기보다는 인민의 눈에 띄려면, 유럽연합이 모두가 알아볼 수 있는 돌봄의 유럽으로 인식되려면, 완전히 유례없는 어떤 것을 만들어 낼 방법을 찾을 필요가 있을 것이다. 보편적인 유로배당을 말하는 것이다.

과세 선택지

이러한 제안에 대해 합당한 이의제기라는 것이 있을까? 물론 있다. 예를 들어 어떤 사람은 이 계획안의 재원을 마련하는 데 부가가치세를 사용하겠다는 현명함에 의문을 제기할지 모른다. 사실 부가

가치세는 모든 주요한 과세 형태 가운데 가장 유럽화된 것이다. 그러나 예를 들어 토빈세나 탄소세를 사용하면 더 의미가 있지 않을까?[3] 그렇게 할 수도 있지만, 이러한 조세로 마련할 수 있는 재원으로는 매우 낙관적으로 가정해도 유럽을 아우른다면 매달 10~14유로의 유로배당에 불과하다. 그렇다면 더 누진적인 개인소득세는 왜 안 되는가? 소득세 과세표준이 나라마다 크게 다르고 정치적으로 아주 민감한 문제이기 때문에 안 된다. 게다가 오늘날의 소득세는 사실상 부가가치세보다 거의 누진적이지 않다. 현재의 국가별 세율에 더하는 것이라면 20%의 부가가치세가 지속 불가능하지 않을까? 부가가치세 요율을 그대로 두고 거기에 더할 필요는 없다. 그저 유로배당이 있을 것이라고 직설적인 암시만 있으면, 회원국의 사회지출은 하향 조정할 수 있고 또 그렇게 해야 하며 소득세 세입은 상향할 것이다.

다른 사람들은 앞서 열거한 네 가지 기능 각각은 더 뒤엉켜 있고 더 정교한 어떤 고안물을 통해 더 잘 발휘될 수 있지 않느냐고 이의제기를 할 듯하다. 이런 논거 대부분은 옳을 것이다. 나는 그저 보통의 유럽 시민이 쉽게 알 수 있으면서도 네 가지 기능 모두에 도움이 되는, 관리하기 쉬운 다른 어떤 메커니즘도 없다는 것을 주장할 뿐이다.

평화배당

더 근본적인 이의제기로는, 유로배당으로 인해 기대되는 효과가

---

3) 미국의 경제학자 제임스 토빈James Tobin(1918~2002)은 국제 투기 자본의 자본시장 왜곡을 막기 위해 단기 외환거래에 세금을 부과하자고 제안했고, 이는 "토빈세"라 불린다. 지구온난화를 막기 위해, 온실가스를 배출하는 석유나 석탄과 같은 화석에너지의 사용량에 따라 부과하는 세금을 "탄소세"라 한다.

아무리 바람직하다 할지라도 아무것도 하지 않았는데 누구에게나 어떤 것을 주는 것은 불공정한 일이라는 것이 있다. 이 이의제기는 잘못된 인식에 기초한 것이다. 유로배당은 열심히 일한 일부 노동자가 맺은 결실을 불공정하게 재분배하는 것이 아니다. 유로배당은 도리어 유럽 통합의 혜택 일부를 소소한 기본소득이라는 형태로 모든 유럽 거주자 사이에서 함께 나누는 것이다. 인접국과 전쟁을 치르거나 그 전쟁을 준비하지 않는 결과로 우리는 얼마나 많이 절약했을까? 우리 업체들 사이의 경쟁이 강화되고 생산요소가 유럽 내에서 어디라도 가장 생산적인 곳으로 이동되게 됨으로써 우리는 얼마나 많이 이득을 보았을까? 아무도 모르며, 결코 아무도 모를 것이다. 그러나 분명한 것은 이러한 혜택이 유럽 주민 안에서 매우 불평등하게 분배된다는 점이다. 이동한 사람인지 고향에 머물러 있는 사람인지에 따라, 유럽 통합이 만들어 낸 상황이 어찌하다 보니 자신들의 소비품을 더 싸게 만들었거나 자신들의 숙련 기술을 더 가치 있게 만들었는지에 따라, 불평등하게 분배되었다는 것이다. 소소한 유로배당은 이 혜택의 일부가 모든 유럽인에게 확실히 도달하도록 보장하는 직설적이고 효과적인 방법일 뿐이다.

이것이 유토피아적인 것은 아닌가? 유럽연합 자체가 얼마 전까지만 해도 유토피아적이었다는 의미에서는, 비스마르크가 첫 번째 벽돌을 쌓기 전까지 사회보장 체제가 유토피아적이었다는 의미에서는, 물론 유토피아적이다. 그러나 비스마르크가 마음에서 우러나오는 친절함으로 연금 체제를 창안한 것은 아니다. 그가 그렇게 한 것은 자신이 통일하려 하던 제국 전역에서 인민이 급진적 개혁에 찬성하며 동원되기 시작했기 때문이다. 우리는 무엇을 기다리고 있는가?

6. 기본소득 파일럿: 양적완화보다 나은 선택

가이 스탠딩 (2015년 2월 9일)

대단한 팡파르와 함께 2015년 1월 22일에 마리오 드라기Mario Draghi는 유럽중앙은행이 2016년 9월까지 금융시장에 매달 600억 유로를 쏟아붓겠다고 공표했고, 이는 완곡하게 "양적완화"라 불렀다.[1] 유로존 국내총생산의 10%이자 유로존 총공공부채의 10%에 달하는 액수다. 지켜보는 많은 사람은 이런 흐름이 약속한 19개월보다 더 오래갈 것이라고 추측한다.

유럽중앙은행 총재를 "독립적"이라고 한다. 즉 민주적 승인 없이도 이렇게 할 수 있다는 것이다. 실제로, 해당 주민이 이 정책을 위해 가장 많이 기여해야 하는 나라는 이를 격렬하게 반대하고 있다. 독일인들이 옳든 그르든, 그런 반대가 그저 그 경제정책이 유럽에서 어떻게 비민주적인 것으로 되어 버렸는지를 보여 줄 뿐이라는 사실은 바

---

1) 양적완화quantitative easing란 중앙은행이 경기부양을 위해 정부 채권이나 기타 금융자산을 매입하여 돈을 경제에 주입하는 통화정책을 말한다. 인플레이션이 매우 낮거나 디플레이션일 때, 금리 인하와 같은 표준적인 통화 팽창 정책이 통하지 않을 때 사용하는 정책이다.

뀌지 않는다.

민주주의에서 생긴 큰 폭의 적자는 사람들로 하여금 유럽의 신자유주의화를 반대하도록 부추기고 있다. 이전에 골드만삭스에 고용됐던 드라기 씨가 각국이 구조개혁에 착수하지 않을 수 없게 만들 수 있기 위해 유럽중앙은행에 더 많은 권한을 넘겨야 한다고 요구하고 있는 모습은 불길하다. — 사회정책에 재갈을 물리고 시민들에게 더 많은 불안전을 허용하기 위해 얄팍하게 암호화된 메시지다.

양적완화 계획안이 공표되었을 때, 금융시장에 있는 사람들은 이 계획을 "대담하고 확신에 찬 것"이라고 했다. 그들이라면 그렇게 말할 것이고, 그렇지 않겠는가! 그들이 주된 수혜자가 될 것이다.

양적완화는 경제성장을 부활시키겠다는 의도를 겉으로 내보이는 무디고 비효과적이며 불평등한 도구인데, 부분적으로는 약간의 인플레이션이 일어날 것임을 알림으로써, 부분적으로는 평가절하를 유도함으로써 그렇게 하겠다는 것이다. 하지만 정부 채권을 매입하면 단기적으로 정부 부채가 준다고 해도, 성장을 끌어올리는 데는 유럽연합 수준에서 국고를 투입하는 것이 나을 것인데, 양적완화는 근린궁핍화[2] 평가절하를 유도함으로써 현대적 형태의 보호주의가 될 징후를 보이고 있기 때문에 특히 그렇다. 그런 평가절하는 곧 금융시장에서 반응이 일어나는 요인이 될 것이다.

---

2) 어떤 나라가 다른 나라의 경제문제를 악화시키는 방식으로 자신의 문제를 해결하려는 경제정책을 근린궁핍화 정책이라고 한다. 국내 불황과 실업을 해결하기 위해 관세나 쿼터 등의 방법을 사용해서 수입을 줄이고 국내 생산품 생산과 판매를 증진하는 정책 따위를 말한다.

불평등과 포퓰리즘

두 달 전에 다시 대단한 팡파르와 함께 유럽연합집행위원회의 신임 의장은 3,150억 유로에 달하는 "유럽을 위한 투자 계획"을 공표했는데, 이는 주로 투자자들, 특히 유럽투자은행을 돕기 위한 수단이다. 두 정책의 직접적 수혜자 가운데 누구도 경제위기로 고통을 당했다고 할 수는 없을 것이다. 그리고 장 클로드 융커가 "전략적 인프라스트럭처"가 우선 과제라고 모호하게 하는 말은 회임기간[3]이 길어서 가까운 장래에 겪을 고통을 거의 완화하지 못할 것임을 지적하는 것이다.

우리는 유럽연합에 세 개의 위기가 있다는 것을 기억해야 한다. 불충분한 수요와 투자, 커 가는 불평등, 이주에 대한 위험한 포퓰리즘적 반응이 그것이다. 이제는 경제협력개발기구조차 인정하듯이, 불평등은 그 자체로 성장에 방해가 된다. 불평등은 남유럽과 동유럽에서 북유럽과 서유럽으로 향하는 이주의 원인이기도 하다.

이런 증가하는 불평등을 다룬 문서는 지겨울 정도로 많다. 양적완화를 포함하여 이제껏 제안된 모든 경제정책은 스트레스테스트[4]의 대상이어야 한다. 그것이 불평등을 증가시킬 것인가? 마리오 드라기가 그렇다고 대답한다면 그는 대안을 찾아야 할 것이며, 양적완화의 경우에 그는 그렇다고 대답하지 않으면 안 된다. 불평등이 더 증가하면 그저 성장을 교묘하게 방해하는 것 이상으로 손해를 끼칠 수 있다. 유럽 사람들에게는 이미 불평등이 충분하며, 당국이 부글부글 끓고 있는 오늘날 불안을 있을 수 있는 최악의 것이라고 본다면

---

3) 회임기간이란 기업이 주문한 설비가 생산되어 인도될 때까지 걸리는 시간을 말한다.
4) 스트레스테스트란 금융회사가 환율이나 경기의 변화 같은 외부의 위기에 대처하는 능력을 평가하는 것을 말한다.

그것은 근무 태만이 될 것이다. 더 많은 격분의 날들이 다가와, 성장에 흠집을 내는 것 이상의 일이 벌어질 것이고 금융시장을 난장판으로 만들 것이다.

불평등이 커지면 정부예산의 적자를 키우는 경향도 생길 것인데, 대단한 부자, 특히 금융시장에서 이익을 챙기는 사람은 쉽게 조세를 회피하거나 포탈하기 때문이다. 불평등이 증가하면 국제수지 적자를 확대하는 경향도 생기는데, 왜냐하면 부자는 국내 재화나 서비스보다는 수입품에 균형이 맞지 않을 정도로 돈을 더 많이 쓰기 때문이다.

이주를 둘러싼 위기는 그 수준과 영향에 대한 오류가 담긴 해석에 근거한 것일 수도 있다. 결국 유럽연합의 많은 지역에서는 출생률이 재생산률보다 낮고[5] 수명이 늘어나 인구가 고령화되고 있기 때문에 이주가 덜 필요한 게 아니라 더 필요하다. 하지만 애처롭게도 가장 문제가 되는 것은 유럽연합을 가로지르는 포퓰리즘적 반응이다. 진정되어야 할 것은 바로 이것이다. 다시금 포퓰리즘적 네오파시스트 우파로 향하는 조류가 현실이다.

유럽연합배당

세 가지 위기 — 부적당한 총수요, 불평등, 이주 — 모두에 대처하는 한 가지 방법은 양적완화를 위해 따로 떼놓은 재원의 일부와 융커 씨의 "투자 계획"의 일부를 유럽중앙은행과 유럽연합집행위원

---

5) 출생률birth rate(또는 출산율fertility rate)은 일정 기간에 태어난 아기 전체가 전체 인구에서 차지하는 비율이고, 재생산률reproduction rate은 15세에서 49세 사이 여성과 출산된 여아의 비율이다.

회가 참신한 방향의 수로로 흐르게 하는 것이다. 예를 들어 총액의 1%(다다익선이지만)를 유출 이주 — 이는 사활이 걸려 있는 인간의 숙련 기술과 에너지가 빠져나가는 것이다 — 가 많고 소득이 가장 낮은 몇몇 지역으로 돌릴 수 있다. 돈의 이전은 유럽연합배당(다른 이름의 기본소득)의 형태로 지급될 수 있을 것이다.

총수요 증가나 성장이 바람직하긴 하지만 그런 것은 지역 투자와 지역 재화 및 서비스에 대한 수요를 십중팔구 자극할 듯한 방식으로 이루어져야 한다는 점을 염두에 두어야 한다. 양적완화는 그렇게 하려 하지 않을 것이다. 인민을 향한 직접 이전은 그렇게 할 것이다.

예를 들면 일종의 파일럿 근거지로 네 지역에서 모든 남녀와 아동에게 매달 지급하는 것이 가능할 것인데, 이때 유일한 조건은 해당 지역에 거주한다면 계속 받을 뿐이라는 것이다. 사람들은 여전히 이동이 자유로울 것이다. 하지만 유럽연합배당이 있으면, 머물러 살 수 있게 되는 데 도움이 될 것이다. 12개월이나 24개월의 기간 동안 이렇게 지급될 수 있을 것이다.

유출 이주가 있는 나라의 많은 지역의 월평균 소득은 400유로 언저리다. 선발된 지역의 모든 거주자가 그 12개월 동안 위 액수의 절반을 받게 된다고 할 때, 이런 방식으로 고작 20억 유로를 쓰는 것이 얼마나 많은 사람에게 도움이 될지 생각해 보기만 하라.

유출 이주의 압력을 줄일 것이다. 양적완화보다 훨씬 더 직접적이고 효과적으로 총수요를 자극함으로써 성장을 끌어올릴 것이다. 그리고 유럽연합 내부의 불평등을 소소하게라도 줄일 것이다.

양적완화와 달리 직접 이전은, 그 이전이 중요하다고 생각되면, 예산 적자를 줄여야 한다는 압력을 정부에 덜 가하지 않을 것이다. 또한 직접 이전은 독일의 정치가, 은행가, 투표권자 들의 입맛에 더 맞아야 할 것이다. 또한 직접 이전은 도덕적인 이주 정책과 모순되지 않을 것이어서, 빈곤에 빠진 루마니아인과 불가리아인이 정부가 반反이민 주 정서 때문에 비자유주의적인 자세와 정책으로 질질 끌려가고 있는 나라들로 가려 하게 유도할 수 있도록 상황을 더 좋게 만들 것이다.

경쟁적 평가절하

이와는 대조적으로, 양적완화는 불평등이 고조되게 할 것이고, 성장에 별 효과가 없을 것이며, 지구적인 평가절하 경쟁을 키우기만 하여, 일본, 중국, 심지어 미국은 유로 하락에 대한 응답으로 자국 통화의 가치 절하를 허용하거나 장려할 것이다. 21세기 형태의 보호주의로 가는 위험한 경로일 것이다. 왜 그 새로운 돈의 일부를 그런 대신에 바람직한 성장을 끌어올리고 불평등을 줄이는 데 사용하지 않는가?

미국의 4조 달러 양적완화로 백만장자가 아닌 그 나라의 모든 가구에 4만 달러를 제공했을 수 있었을 것이라 추산되었다. 그런 대신에 양적완화는 일단의 새로운 자산 버블을 키웠다. 불평등이 계속 증가하고 있다.

이와 마찬가지로 영국의 양적완화를 모든 영국 거주자에게 기본소득을 지급하는 데 돌렸다면, 누구나 2년 동안 매주 50파운드를 받을 수 있었을 것이다. 소득 불평등이 감소했을 것이고, 경제적 안전이 개선되었을 것이며, 국내 성장을 끌어올렸을 것이다. 그런 대신에 자산 버블, 특히 부동산 시장에서의 자산 버블이 증가했으며, 그와 함께 개인 부채, 집 없는 상태, 푸드뱅크 의존이 증가했다. 사회복지비 삭감이 많아지면, 정치인과 재정을 담당하는 기관은 분노가 자신들에게 달려든다 해도 놀랄 필요가 없을 것이다.

대안적 접근법이 절실하게 필요하다. 유럽연합배당 파일럿은 정책 입안자들에게 그것이 작동할 것인지 볼 놀라운 기회를 줄 것이다. 그것은 은행가에게 자양분이 되어 그들의 보너스를 구역질 날 정도로 높게 되돌리는 것 이상을 한 것과는 다른 일이다.

7. 보편기본소득이 빈곤이나 소득 불평등을 줄이는 최선의 공적 개입이 아닌 이유

빈센테 나바로 (2016년 5월 24일)

보편기본소득에 대한 획일적 해석은 없다. 보편기본소득은 국가(국민국가, 지역, 지방 등 어떤 수준이든)가 누구에게나 동일한 금액(대개는 나라의 빈곤선을 정의하는 소득수준과 유사한)을 이전하는 공적인 프로그램이라는 것이 가장 단순한 정의일 듯하다.

누구에게나 공적인 화폐 이전이 있어야 한다는 것을 가장 일찍이 지지했던 사람들(비록 이들이 엄밀한 용어를 사용한 것은 아니지만) 가운데는 자유주의 전통에 있던 사상가들이 있었다. 이들은 사회민주당처럼 노동운동을 토대로 삼는 정치 전통 출신 사람들과는 반대편이었다. 후자의 사상가들은 공적 소득 이전(연금, 실업보험, 가족수당 등등)과 공공서비스(의료, 교육, 보육, 자택 요양, 사회서비스, 공공주택) 수립을 지지했다. 자유주의자인 전자의 집단은 개인에게 돈을 주고 시장의 힘에 따라 스스로를 돌보게 하자고 제안했다. 개인의 자유를 지지한다는 원리에 따른 것이며, 그러한 자유에 대한 국가의 간섭을 반대하는 것이었다. (사실 핀란드 정부 — 보수주의적인 신조와 자유주의적인 신조의 동맹 — 가 최근에 누구에게나 소득을 제공하자고

한 제안은 그러한 자유주의적 방향으로 간 것으로 보인다.)

보편기본소득은 일자리가 충분하지 않을 것이기 때문에 필요한 것인가?

더 최근에는, 구할 수 있는 일자리의 수가 기술개발(로봇 및 그와 유사한 기술 향상)로 인해 극적으로 줄 것이라는 두려움 때문에 누구에게나 지급되는 보편적 이전이 있어야 한다는 요구가 있어 왔다. "일이 없는 미래"는 그저 충분한 일자리가 없을 것이기 때문에 기본소득으로 일을 대체할 필요를 정당화하는 것처럼 보인다.

하지만 이 테제는 역사적으로 기술, 생산성, 구할 수 있는 일자리 사이에는 전혀 관계가 없었다는 사실을 무시하는 것으로 보인다. 케인스 시대 이래로 일어난 엄청난 생산성 증가는 만들어지고 있는 일자리의 수나 각각의 노동자가 일하는 시간을 줄인 적이 없다. 케인스의 예측은 잘 알려져 있다. 그는 노동생산성 증가로 인해 21세기 초에는 일주일에 일하는 날이 5일이 아니라 고작 2일이 될 것이라고 보았다.[1] 하지만 일하는 날은 여전히 5일이다. 일자리와 노동시간이 줄 잠재성은 전에도 있었고 지금도 여전히 있다. 그러나 이런 일은 일어난 적이 없다.

그 이유를 찾기는 쉽다. 하루에 몇 시간을 일하고 일주일에 며칠을 일할지를 결정하는 데는 정치적 변수(노동의 힘)가 경제적 변수(생산성이나 기술혁신)보다 더 주요한 요인이라는 것이 그 이유다.

---

[1] 케인스가 1930년에 쓴 「우리 손주들에게 해당될 경제적 가능성Economic Possibilities for our Grandchildren」에 나오는 말이다. 이 글의 한국어 번역은 『설득의 에세이』(부글북스, 2017년)에 실려 있다.

동일한 기술을 사용할 때 그 기술이 일자리에 미치는 영향은 각국의 자본-노동의 세력 관계에 달려 있다. 게다가 인간에 대한 필요가 계속해서 증가하고 있다. 일에 대한 필요가 사라지지 않기 때문에 실업은 일어나지 않는다. 남유럽은 이에 대한 분명한 예다. 이들 사회에서 볼 수 있는 높은 실업은 기술혁신이나 인간에 대한 필요의 부재와 상관이 별로 없다. 높은 수준의 실업은 보수 세력이 역사적으로 이들 나라에서 지니고 있는 어마어마한 힘과 이들이 국가에 미치는 영향력에서 기인한다. 그곳에서의 실업은 노동의 힘이 어마어마하게 약하다는 표시다.

보편기본소득은 빈곤을 줄이는 최선의 도구인가?

보편기본소득이 빈곤을 줄일 수도 있다는 점에는 의문의 여지가 없다. 어떤 사람이 빈곤 속에 살고 있고 일자리가 없다면, 보편기본소득은 그 사람이 빈곤 속에 살지 않도록 할 돈을 줄 것이다. 보편기본소득이 빈곤을 줄일 것이라고 가정하는 것은 합리적인 것처럼 보인다. 그러나 쟁점은 보편기본소득이 빈곤을 줄이느냐 아니냐가 아니라 그것이 그렇게 하는 더 좋은 방법이냐 더 나쁜 방법이냐. 그런데 이때 증거는 아주 명백하다. 보편기본소득은 빈곤을 줄이는 최선의 방법이 아니다.

빈곤을 줄이는 데 꽤 성공적이었던 스웨덴과 노르웨이 같은 나라들, 즉 제2차 세계대전 이후 사회민주당이 가장 오래 통치했던 스칸디나비아 나라들에는 보편기본소득이 없다. 이들 나라에는 모두 일과 연계된 프로그램, 특정 조건과 연계된 소득 이전, (누구나 받는 것이 아니라 빈곤의 위험성이 있는 사람들이 받는) 보장소득 등의 정책조합이 있다. 보장소득은 대개 보편적인 기본소득이 제공하는 것보다 많은데, 왜냐하면 주된 목적이 노동인구의 생활수준으로 소득을 유지하는 것이기 때문이다. 이러한 경험의 성공은 노동운동에 뿌리를 둔 대부분의 정당이 이 전통적인 사회민주주의 길을 따랐던 이유를 설명해 준다. 증거는 강력하다. 이런 프로그램을 공고히 하는 것이 보편기본소득보다 빈곤을 줄이는 데 효과적이고 비용도 더 적게 든다는 것이다.

빈곤의 위험성이 있는 사람들에게 보장소득을 지급함으로써, 즉 다른 방법으로 그들이 빈곤에서 벗어날 수 있게 함으로써 빈곤을 줄이려면 훨씬 적게(국민총생산 비율이라는 면에서 대략 70배나 적게) 쓰면 되는데, 왜 누구에게나 돈을 주기 위해 그렇게 많이 써야 하는가? 누구에게나 돈을 주기보다는 빈민이 빈곤에서 벗어나도록 도우면 왜 안 되는가? 빈민에게 돈을 줄 뿐만 아니라 이들이 처한 상황에서 빠져나오도록 돕기도 하면 왜 안 되는가? 빈곤은 돈이 부족한 것 이상의 문제다.

보편기본소득은 소득을 재분배하는 최선의 프로그램인가?

보편기본소득이 소득 불평등을 줄이는 최선의 개입인지를 고려할 때도 유사한 상황에 처한다. 여기서도 보편기본소득은 소득 불평등을 줄이는 어떤 형태를 물론 만들어 낼 것이다. 그러나 증거가 명백하게 보여 주듯이, 불평등을 줄이는 더 효과적인 방법들이 있다. 불평등이 적은 나라들은 — 사회민주주의 전통에 속하는 스칸디나비아 나라들이 그렇듯 — 재정 정책, 재분배 정책, 노동시장 개입 등으로 불평등 감소를 달성한 나라들이었음을 우리는 알 수 있다.

소득 불평등 감소에서 가장 중요한 변수는 정치적인 것이며, 다시 말하지만 이는 각국의 자본-노동 관계의 상태를 토대로 삼는다. 노동이 약한 나라에서는 불평등이 크다. 이것이 북대서양 양안(북아메리카와 유럽)의 많은 나라에서 소득 불평등이 극적으로 증가해 온 이유다. 노동은 계속해서 약해져 왔다. 그 결과 우리는 자본에서 얻는 소득이 노동에서 얻는 소득보다 훨씬 빨리 증가하고 있음을 보아 왔다. 사실, 불평등의 주요 원인은 부의 집중이 어마어마하게 커진 것(소득을 낳는 재산)이었다. 이러한 맥락에서 보면 (각 개인이 동일한 액수를 받는) 보편기본소득을 토대로 불평등을 교정하는 것으로는 매우 불충분하다.

불평등을 줄이겠다고 언명한 정당들은 그러한 감소로 향하는 수로가 보편기본소득을 통해 뚫리게 할 것이 아니라, 자본에서 얻는 총소득을 희생하여 노동에서 얻는 총소득의 비율을 높이는 것을 목표로 삼는, 재정 정책, 재분배 정책, 노동시장 개입 따위의 정책조합을 통해 뚫리게 해야 한다. 대부분의 진보정당은 이미 이렇게 하고 있다.

마지막 의견: 노동의 힘이 점점 약화된 것은 노동시장이 크게 악화된 이유를 설명한다. 노동력의 1/3(남유럽의 경우 거의 절반)이 불안정한 일을 하고 있으며, 이는 빈곤이 증가하고 소득 불평등이 증가한 주된 이유 가운데 하나다. 보편기본소득이 "프레카리아트"라고 불린 사태에 대한 해결책(혹은 해결책의 일부)이라고 믿는 것은 노동시장 악화의 실제 원인, 즉 보편기본소득이라는 조처로는 손대지 못한 채 남아 있는 원인을 무시하는 것이다. 이렇게 "손대지 못한 채 남아 있다는 것"이 자유주의 사상가들이 처음에 보편기본소득에 초점을 맞추자고 제안한 주된 이유다. 국가와 노동시장 모두에서 자본과 노동 사이의 세력 관계에 손대지 않고서는 불안정한 일이라는 문제와 프레카리아트 문제를 풀기는 불가능하다.

8. 기본소득을 향한 전 세계적 행진: 땡큐 스위스!

필리프 판 파레이스 (2016년 6월 7일)

2016년 6월 5일은 무조건기본소득 계획안의 시행을 향한 전 세계적 행진에서 중요한 랜드마크로 기억될 것이다. 모든 스위스 시민은 그날 다음과 같은 안건에 대해 찬반을 밝히라고 요청받았다.

1. 연방은 무조건기본소득을 도입한다.
2. 기본소득은 주민 전체가 존엄한 삶을 살고 공적 생활에 참여할 수 있도록 해야 한다.
3. 기본소득의 재원 마련과 수준은 법률이 정한다.

이 안건은 투표권자 76.9%가 반대하고 23.1%가 찬성하여 부결되었다. 왜 이런 부결은 예견할 수 있었던 것일까? 그리고 왜 이것은 그토록 중요한 진일보일까?

0에서 23%로

이 질문들에 대답하려면 간략히 역사적으로 개관하는 것이 절차에 맞는 일이다. 2008년, 모두 베른을 근거지로 하는 독일의 영화 제작자 엔노 슈미트Enno Schmit와 스위스의 사업가 다니엘 헤니Daniel Häni가 기본소득을 단순하면서도 매력적으로 기술한 "영화 에세이"《기본소득: 문화적 충동 Grundeinkommen: Ein Kulturimpuls》을 상영했다. 이 영화의 인터넷 유포는 위에서 말한 안건을 찬성하며 2012년 4월에 개시된 국민발안을 위한 밑바탕을 준비하는 데 도움이 되었다. 재생 불가능한 에너지에 세금을 매기는 식으로 특별하게 재원을 마련하는 무조건기본소득이라는 안건을 제출하기 위한 또 다른 국민발안은 2010년 5월에 개시되었으나 요건에 맞는 수만큼 서명을 모으는 데는 실패했다.

2012년에 발의한 사람들은 처음에는 기본소득 재원이 영화에서 제언한 대로 부가가치세로 마련되어야 한다고 명기할 생각이었지만, 안건에 대한 지지를 잃을지도 모른다는 두려움에 그 아이디어는 뺐다. 이들은 또한 문안 자체에 정확한 액수를 명문화하지 않기로 결정했다. 그러나 이들의 웹사이트에는 매달 성인 일인당 2,500스위스프랑과 아동 일인당 625스위스프랑이라는 액수가 "존엄한 삶을 살고 공적 생활에 참여"하는 데 스위스에서 필요한 것에 대한 최선의 해석이라고 분명히 언급되어 있다. 발의안이 18개월 안에 법적 효력이 있는 10만 명의 서명을 모으면, 스위스 중앙정부인 연방평의회는 발의안의 문안 그대로에 대해서든 발의자와 교섭하기 위한 역제안에 대해서든 3년 이내에 전국적인 국민투표를 실시해야 한다.

2013년 10월 4일, 발의자들은 법적 효력이 있는 125,000명 이상의 서명을 연방 행정부에 넘겼다. 서명의 법적 효력 확인과 논거 검

토가 끝난 후인 2014년 8월 27일, 연방평의회는 역제안 없이 발의안을 부결했다. 연방평의회가 보기에는, "무조건기본소득은 스위스 사회의 경제, 사회보장 체제, 결속 등에 부정적인 결과를 낳을 것이다. 특히 이러한 소득의 재원 마련은 재정 부담의 상당한 증가를 뜻할 것이다." 안건은 이어서 스위스 의회 양원에 제출되었다. 2015년 5월 29일, 국민의회(스위스연방 하원)의 사회문제위원회는 5명이 기권한 가운데 19 대 1로 무조건기본소득 안건은 부결되어야 한다고 권고했다. 국민의회는 2015년 9월 23일의 본회의에서 철저한 논의를 거친 후에 이 부정적인 권고안을 예비 표결에 넘겨 12명이 기권한 가운데 146 대 14로 승인했다.

2015년 12월 18일, 이번에는 전주全州의회(캉통canton의 대표자들로 이루어진 스위스 상원)가 발의안을 숙고하고는 3명이 기권한 가운데 40 대 1로 부결했다. 같은 날, 이 안건은 국민의회에서 두 번째이자 최종적인 표결의 대상이었다. 157명이 반대했고, 19명이 찬성했고, 16명이 기권했다. 모든 경우에 극우 정당, 중도우파 정당, 중도 정당에 속한 모든 의원은 안건에 반대했다. 찬성표와 기권표는 모두 사회당과 녹색당에서 나왔지만, 두 정당 모두 급격히 분열했다. 국민의회의 최종 표결에서 사회당 의원은 15명이 찬성했고 13명이 반대했고 13명이 기권한 한편, 녹색당에서는 4명이 찬성표를 던졌고 5명이 반대했고 3명이 기권했다. 이렇듯 지지율은 연방평의회 0%, 전주의회 2%, 국민의회 4%, 8%, 10%(위원회, 예비 표결, 최종 표결) 사이를 오갔다.

2016년 6월 5일의 일반투표에 대해 사회당을 포함한 거의 모든 정당의 전국 지도부는 반대투표를 권고했다. 예외는 녹색당과 (정치적으로 의미가 없는) 해적당뿐이었는데, 이들은 찬성을 권고했고, 여기에 세 개 언어 지역 모두[1]에서 사회당의 여러 캉통 당부가 합류했다. 이런 배경 속에는 반대투표가 이길 것이라고 예견할 수 있을 뿐이었고, 거의 4명 가운데 1명이 찬성한 것 — 주네브 캉통 35%, 바젤시 캉통 36%, 베른시 40%, 취리히 중심 지역 54%가 최고였다 — 은 위에서 인용한 수치로 기대할 수 있는 것보다 훨씬 높은 것이었다. 더 나아가 스위스는 아마 유럽에서 무조건기본소득에 대한 지지가 가장 낮을 것이라 여겨지는 나라라는 점을 염두에 두어야 하는데, 그렇게 여겨지는 것은 프로테스탄트 노동윤리가 칼뱅의 조국에 깊게 파고들었기 때문만이 아니라 무엇보다 스위스가 현재 경험하는 실업과 빈곤이 상대적으로 가장 낮은 수준이기 때문이기도 하다.

스위스와 그 너머에서: 더 넓고 더 원숙한

하지만 이제 누구나 인정하듯이, 비록 첫 단계에서 서명한 스위스 시민의 2.5% 이상을 모으지는 못했다 하더라도 이 발의는 발의자들의 정력과 인상적인 의사소통 기술 덕분에 까무러칠 정도의 성공이었다. 이제 세계나 역사에, 지난 4년 넘게 스위스가 그랬던 것보다 이 안건이 지니는 이로운 점과 불리한 점에 대해 더 많이 생각해 본 주민은 없다.

그리고 그 효과는 결단코 스위스에 머무르지 않았다. 일반투표가 있기 직전 며칠 동안 『이코노미스트』, 『월스트리트저널』, 『파이낸셜타임즈』, 『뉴욕타임즈』, 『가디언』, 그리고 세계 곳곳의 그 밖의 무수한 신문은 기본소득이 무엇이고 무엇을 하려는 것인지에 관해 자

---

1) 독일어 사용 지역, 프랑스어 사용 지역, 이탈리아어 사용 지역을 말한다.

상하게 설명하기 위해 상당한 양의 기사 — 때로는 꽤 좋았고 때로는 그렇지 못했다 — 를 싣지 않으면 안 된다고 느꼈다. 세계사에서 미디어가 무조건기본소득 논의에 이렇게 많은 시간과 공간을 할당한 일주일은 없었다.

기본소득 아이디어의 확산을 크게 끌어올린 것 이외에도, 스위스 발의의 기본소득 아이디어를 둘러싼 논쟁이 원숙해지는 데 크게 기여하기도 했다. 이 경험에서 끌어낼 수 있는 하나의 교훈을 말하자면, 높은 액수를 명문화하고 있지만 재원을 마련하는 정확한 방법이 없는 안건은 요건에 맞는 수의 서명은 쉽게 모을 수 있어도 투표일에 수고를 무릅쓰고 모습을 드러내는 투표권자(이번 경우에는 유권자의 약 46%) 다수를 설득하는 것과는 멀리 떨어진 방법이다. 전자의 사람들을 위해서는 방향을 가리키는 빛나는 별로도 충분하지만, 후자의 사람들을 얻으려면 안전한 통로를 표시해 주는 땅에 박힌 표지판이 필수적이다.

나는 스위스 논쟁에 합류해 달라고 초청을 받을 때마다, 2,500스위스프랑의 개인별 기본소득(스위스 1인당 국내총생산의 38%)을 단번에 도입하는 것은 정치적으로 무책임한 일이 될 것이라고 논했다. 사실 누구도 그 정도 수준의 무조건기본소득이 경제적으로 지속 가능하지 않다고 증명할 수는 없다. 그러나 또한 누구도 그것이 지속 가능하다고 증명할 수는 없다. 또한 스위스나 다른 곳에서 수행되었거나 계획된 그 어떤 지역 차원의 실험도 그렇다는 것을 증명하지는 않을 것이다. 더 나아가 그런 수준의 무조건기본소득이 경제적으로 지속 가능하려면 이제까지는 만난 적이 없는 많은 전제 조건이 필요하다고 보는 것이 비합리적이지는 않을 것인데, 그런 전제 조건에는 새로운 형태의 과세 — 예를 들어 스위스 논쟁에서 흥미로운 역할을 했던 전자결제에 대한 마이크로세[2] — 의 도입과 — 스위스의 가장 큰 강점은 전혀 아닌 — 조세 회피에 대한 효과적인 국제 협력이 포함될 것이다.

해 보기로 하자

하지만 곧 닥칠 장래에는, 좀 소소하지만 의미 있는 진일보를 이룰 수 있고 이루어야 하며 이를 위해 논쟁을 벌여야 한다는 것이 이제 분명해질 수밖에 없다. 그런 진일보에는 좀 낮은 수준(예를 들어 일인당 국내총생산의 15% 또는 20%)의 개인별 무조건기본소득이 담겨야 하며, 자산 심사가 따르는 사회부조 수당이나 주거급여가 여전히 거기에 추가될 것인데, 도시의 성인 일인 가구에게는 확실히 그럴 것이다. 그런 정도로는 우리 가운데 가장 취약한 사람 다수의 안전, 협상력, 선택의 자유 따위에 큰 차이를 낳지 못할 것인데, 그것은 많은 경우에 무조건기본소득이 그 자체로 "주민 전체가 존엄한 삶을 살"도록 하기에 충분하지 않기 때문이 아니다. 심지어 단기적으로는 그러한 무조건기본소득의 도입은 단연코 경제적으로 지속 가능하다. 이를 정치적으로 달성 가능하게 만드는 것은 우리에게 달려 있다.

유례없는 스위스의 발의는 21세기에 우리가 직면하는 도전들의 성격과 크기를, 그리고 그 도전들에 대처하는 데 무조건기본소득이 어떻게 도움이 되는지를 스위스와 다른 먼 곳에서 많은 인민이 깨닫게 해 준 것에 그치지 않았다. 스위스의 발의는 나이브한 것도 있고 정곡을 찌르는 것도 있는 수많은 이의제기에 방아쇠를 당김으로써,

---

2) 2016년 스위스 국민투표 당시, 기본소득 재원의 일부를 마련하기 위해 전자결제에 자동적으로 세금을 매기자는 주장이 있었고, 이를 "마이크로세micro tax"라 불렀다.

무조건기본소득 옹호자들이 자신들의 논거를 버리며 현실적인 다음 단계가 필요하다는 것을 깨닫게 해 주기도 했다. 이 두 가지 이유로, 찬성 운동에 어마어마한 시간, 에너지, 상상력을 쏟은 스위스 시민들은 전 세계 기본소득 운동뿐만 아니라 자유로운 사회와 건전한 경제를 위해 싸우는 모두에게서도 따뜻한 찬사를 받을 만하다.

9. 보편기본소득: 의혹을 품지 못하게 할 정도로 단순한 아이디어 — 그리고 한때의 유행

로빈 윌슨 (2016년 6월 9일)

보편기본소득은 의혹을 품지 못하게 할 정도로 단순한 전제를 토대로 삼는, 의혹을 품지 못하게 할 정도로 단순한 아이디어다. 디지털혁명은 대량의 기술적 실업이 일어날 것이라고 위협한다. 고로 시민 누구에게나 이것저것 따지지 말고 기본소득이 지급돼야 한다.

하지만 모든 단순한 아이디어가 그렇듯, 더 찬찬히 들여다보면 사태는 더 복잡하게 뒤엉켜 있다. 수십 년 동안, 노동자가 로봇으로 대체되고 실업이 소용돌이칠 것이라고 예언한 예레미야들이 있었다. 그들은 틀렸는데, 한 가지 중요한 이유에서 틀렸다. 고용수준은 사회적으로 결정되는 것이지 기술적으로 결정되는 것이 아니라는 것이 그 이유다. 케인스는 훨씬 더 생산성이 높은 노동을 일부가 독차지하는 게 아니라 함께 나누고 최소화하기 때문에 여가가 확산되는, 있을지도 모르는 그런 사회를 마음속에 그렸다.[1] 그런 상황은 오지 않았고, 케인스주의 수요 관리는 서유럽이 꾸준히 전후 호황을 누리도록

---

1) 이 책 48쪽의 주를 보라.

보증했다. 기술로 인해 호황이 종말에 이르지는 않았다. — 그러나 호황이 노동을 매우 강화했으므로 자본 세력은 이런 상황을 역전시키겠다고 결심하게 되었는데, 사태가 반복적으로 너무 쉽게 변한다는 것과 공황이 재발하여 이제는 아마도 영구적이 되었다는 것을 대가로 감수하더라도 그렇게 하기로 결심한 것이다.

사회주의 관점에서 보자면, 별로 세상을 풍요롭게 해 주지도 않고 지적이거나 창조적인 투입이 필요하지도 않은 판에 박힌 형태의 고용은 없어져야 한다는 것과 개인들이 돌봄 서비스라는 좀 더 사회적으로 유용한 활동이나 좀 더 도전적이고 성취감 높은 업무를 위해 (재)교육을 받고 (재)훈련을 받을 수 있어야 한다는 것은 매우 바람직하다. 페미니즘 관점에서 보자면, 여성을 자주 파트타임 지위라는 운명에 처하게 만드는 파트타임/풀타임 구분을 신경제재단[2]의 제언처럼 (예컨대) 가사 책임을 함께 나누는 것과 연관시켜 누구나 주당 21시간 일하는 것으로 바꾸는 것도 마찬가지로 바람직하다. 이런 결정들은 대규모 실업이 숙명적으로 받아들여야 하는 데우스엑스마키나deus ex machina라는 식의 별 근거 없는 관념에 의해 짜내서는 안 된다.

어떤 것의 대가인 어떤 것

그리고 이는 두 번째 뒤엉킨 복잡한 문제로 이어진다. 수년 간 수동적으로 실업수당으로 근근이 살면, 숙련 기술 위축과 의욕 상실을

---

2) 신경제재단New Economcs은 영국에서 1986년에 '다른 경제정상회담The Other Economic Summit' 지도자들이 "사회적, 경제적, 환경적 정의"를 표방하며 창립한 싱크탱크다. "평등, 다양성, 경제적 안정에 기반한 새로운 모델의 부의 창출"을 위한 연구와 활동을 벌이고 있으며, 제3세계 부채를 탕감하는 '희년 2000년Jubilee 2000' 운동을 주도했고, GDP를 대체하는 '지구행복지수Happy Planet Index'를 개발했으며, 2010년에는 주당 21시간 노동을 제안했다.

가져오는 것으로 알려진 온갖 효과로 인해, 개인의 웰빙에 거의 도움이 되지 않는다. 현대판 좌파가 이런 어떤 것을 지지할 수 있다는 것을 알았다면 맑스는 고개를 가로저었을 것이다. 맑스는 현대판 좌파가 "상품 물신성"과 "금전 관계"의 포로라고 말했을 것이다. — 모든 사회악에 대한 해결책으로, 궁극적 상품인 화폐를 숭배하는 것을 넘어 생각하지 못한다고 말이다. 그리고 맑스는 그들에게 자신의 사회주의적인, 실제로는 공산주의적인 이상 세계에서는 "각자는 능력에 따라"[3]가 본질적 의미를 규정하는 슬로건의 첫 부분이라는 점을 상기시켰을 것이다.

스위스 국민투표에서 크고도 불가피하게 패배하게 된 것은 바로 보편기본소득이 "아무것도 하지 않았는데 어떤 것을 준다"라는 비판에 취약하다는 사실이다. 그리고 "사회가 나에게 삶을 빚지고 있다"라는 사고방식을 장려하는 것과 관련하여 사회주의적인 것이란 전혀 없다. 그와는 반대로 사회주의는 개인적 보답이 없고 종종 커다란 개인적 희생에 처하더라도 동료 시민을 위해 가외로 애를 쓸 의지가 있다는 것과 관련이 있다. 이는 신자유주의 경제학의 수십 년이 키운 초개인주의적 아노미를 거스르는 것이다. — 그리고 보편기본소득에게는 그런 기질이 맞지 않을 것이다.

맑스의 사회주의 슬로건의 두 번째 부분은 "각자에게는 노동에 따라"[4]였다. 거칠게 말하자면, 이를 현재의 독일과 같은 중부 유럽의

---

3) 칼 맑스(1818~1883)는 「고타 강령 초안 비판」(1875년)에서 "막 자본주의사회에서 생겨난 공산주의사회"(강조는 맑스의 것)와 "공산주의사회의 더 높은 단계"를 구분하고, 두 번째 단계의 사회의 원리를 "각자는 능력에 따라, 각자에게는 필요에 따라!"라고 예측했다. 『칼 맑스 프리드리히 엥겔스 저작 선집』 제4권, 박종철출판사, 375, 377쪽.

4) 칼 맑스는 앞서 말한 「고타 강령 초안 비판」에서, "막 자본주의사회에서 생겨난 공산주의사회"(흔히 공산주의사회와 구별하여 "사회주의사회"라고 부르는 사회)를 설명하면서 "어떤 형태로 사회에 준 것과 동일한 양의 노동을 다른 형태로 되받는다"(위의 책, 375~376쪽)라고 했을 뿐, "각자에게는 노동에 따라"라는 표현은 사용하지 않았다.

사회보험 기반 복지국가와 같다고 볼 수도 있을 것이다. 공산주의 슬로건의 두 번째 부분은 "각자에게는 필요에 따라"다. 그리고 이는 대체로 북유럽의 더 평등주의적인 보편복지국가에 맞는다.

현재 핀란드에서 — 사회민주주의 정부가 아니라 중도우파 정부에서 — 파일럿이 이루어지고 있지만, 보편기본소득은 놀랄 것도 없이 자산 심사가 따르는 시장 기반 복지국가에만 익숙한 앵글로아메리카 세계에서 만개해 온 아이디어였다. 거기서 보편기본소득은 싹트는 불안전에 대한 만병통치약처럼 보였다. 그러나 엄청나게 돈이 많이 들고 비효율적인 구식 나팔총일 뿐이다. 명백한 효과는 얄궂게도 낮은 임금에 낮은 생산성을 낳는 "미니잡"[5] 영역이 확대될 것이라는 점인데, 이를 위해 보편기본소득은 가난한 고용주에게 임금 보조금을 제공할 뿐일 것이다. 따라가야 할 더 분명한 궤도는 적절한 노동시장 규제와 보편복지 제공으로 노동을 탈脫상품화하는 것이다.

보편기본소득으로 인한 엄청난 사중손실[6] 효과 때문에, 이 계획안의 옹호자들은 불가피하게 더 "실제적인" 대안과 함께 종말을 맞는다. — 영국의 압력단체인 컴퍼스를 위해 쓴 리드와 란슬리의 팸플릿에 담긴 것 같은 것[7]을 말하는데, 거기서 저자들은 얼마 안 되는 현행 영국의 실업수당보다 높은 실업수당을 (아주 합리적으로) 주장하며, 그 재원은 누진과세로 마련한다고 한다. 그러나 이는 영국을 약

---

5) 이 책 30쪽의 주를 보라.
6) 사중손실死重損失이란 재화나 서비스가 최적의 균형을 이루지 못할 때 발생하는 경제적 효용의 순손실을 말한다.
7) 컴퍼스Compass는 2003년 토니 블레어 정부를 반대하는 학계 및 노동당 정치가들이 주도해서 만든 중도우파의 단체다. 경제연구 자문기관인 란드만 경제학Landmand Economics의 소장인 하워드 리드Howard Reed와 브리스톨대학 방문 학자인 스튜어트 란슬리Stewart Lansley가 2016년에 『보편기본소득: 때를 만난 아이디어?Univerasal Basic Income: An idea whose time has come?』라는 팸플릿을 컴퍼스에서 출판했다. 2019년에는 두 사람의 책 『모두를 위한 기본소득: 바람직함에서 실현 가능성으로Basic Income for All: From Desirability to Feasibility』을 컴퍼스에서 출판했다..

간 더 보편복지국가처럼 보이게 하는 것일 뿐이다.

그리고 그러한 보편복지국가에서 열쇠에 해당하는 측면은 국가가 소득 이전에 관한 것만이 아니라는 점이다. — 비록 보편복지국가가 역사상 평등을 위해 고안된 가장 효과적인 사회적 장치이긴 하지만 말이다. 보편복지국가는 공공재의 제공을 통해 모두를 위해 개인의 웰빙을 제고하는 것에 관한 것이기도 하다. 그리하여 무상이거나 많이 보조해 주는 보편적 보육이 북유럽 복지국가의 심장에 자리를 잡고 있다. — 거기서는 보육 "소비자"가 자신의 기본소득으로 보육을 구입할 수 없다. 높은 수준의 전직轉職 수당으로 안전하게 보호하면서 노동자들이 시대에 뒤진 숙련 기술에서 수요가 있는 기술로 넘어갈 수 있도록 보조하는 적극적 노동시장 계획안은 덴마크에서 특히 유명한 "유연성 보장flexicurity"이 지닌 또 다른 열쇠가 될 만한 특색이다.

지나가는 한때의 유행

이런 점에서 보자면, 보편기본소득은 때를 만난 아이디어라기보다는 대중을 견인하지 못한 채 지나갈 한때의 유행이다. 보편복지국가는 그러한 대중의 지지를 낳을 수 있는데, 그 이유는 필요를 토대로 삼아 보편적인 대비책을 제공하면서 지급할 수 있는 능력이라는 진보적인 토대 위에서 재원을 마련하기 때문이다. 보편복지국가는 매우 효과적이며 사중손실 효과 없이 필요에 초점을 맞춘다. 그리고 보편복지국가는 대단히 효율적이며 행정상 관리하기가 쉽다.

보편복지국가는 보편성을 희생하지 않으면서 — 이용자 참여, "공동 생산", 전문가 비정부기구의 개입 등을 포함하여 — 더 개인화될 필요가 있다. 그런데 그러한 복잡하고 구체적인 정책 논거는 우리를 보편기본소득이라는 "패스트푸드" 대체물로부터 멀리 떼어 놓는다.

10. 무조건기본소득은 막다른 골목이다

안케 하셀 (2017년 3월 1일)

무조건기본소득이라는 개념이 경제학자, 경영자, 활동가, 사업가 사이에서 전통적인 사회정책에 대한 대안으로 점차 인기를 끌고 있다. 실업이나 고령과 같은 응급 사태에 처할 때 사회수당을 제공하는 대신에, 장래에 정부는 성인 누구에게나 일괄적으로 동일한 액수 — 대략 한 달에 1,000~1,200유로 — 를 지급하게 될 것이다. 그렇게 되면 사회수당도 없을 것이고, 하르츠4(독일의 장기 무직자 수당)도 없을 것이고, 연금이나 실업 보험도 십중팔구 없을 것이다.

보편기본소득은 각각의 사람에게는 고용되고 싶은지, 자원봉사를 하고 싶은지 — 아니면 아무것도 하고 싶지 않은지 — 를 결정할 자유를 약속한다. 보편기본소득은 정치가들에게는 더는 실업을 걱정하지 않아도 되는 사치를 약속한다. 그리고 보편기본소득은 기업에게는 일자리 삭감을 정당화할 수 있는 우아한 방법을 제공한다. 기술 변화나 지구화의 희생물이 되는 일자리는 더는 문제가 아니며, 그 이유는 이로 인해 영향을 받는 사람들은 재정적으로 안전하여 집에서 아이를 돌보거나 취미 활동을 추구할 수 있기 때문이다.

그럼에도 기본소득은 막다른 골목이다. 물론 이때 이유로 가장 흔하게 드는 것은 재원이다. 그 비용을 계산한 적은 없지만, 높은 비용이라는 것은 확실하다. 기본소득을 지급하기 위해 소득과 부에 얼마나 과세해야 하는지는 여전히 열려 있는 문제다. 기본소득이 있는 체제로 사회체제를 급진적으로 전환하는 일은 최근 역사에서 가장 커다란 재정적 도박일 것이다.

그러나 재정적 측면은 기본소득에 반대하는 가장 중요한 논거조차 아니다. 기본소득은 유혹적인 독약이다. 기본소득은 중간계급의 희생을 대가로 사회 주변부에게 혜택을 준다. 빈민이나 장기 실업자에 대해, 기본소득은 일을 찾으라는 압력을 제거하고, 사람들이 적극적으로 직업을 찾도록 동기를 부여하는 유쾌하지 않은 업무를 제거한다. 기본소득은 십중팔구 부자들에게 이전보다 부담을 더 지우지 않을 것이며, 그들이 사회적 양심의 가책을 더는 데 도움을 줄 것이다. 이런 경우, 증가하는 사회적 불평등은 더는 사회적 스캔들이 아니게 될 것인데, 그 이유는 비록 빈곤선에 가까울지라도 누구에게나 소득이 있을 것이기 때문이다. 무조건기본소득에 반대하는 주요한 논거가 세 가지 있는 것은 정확히 이런 이유다.

달콤한 독약

첫째, 기본소득은 사회를 더 분할하고 사회이동을 막을 것이다. 가족이라는 배경 덕분에 흥미로운 직업과 높은 소득을 얻을 전망이 밝은 사람들은 자신들의 기존의 노동윤리를 유지하려 할 것이고, 학교와 학업에 열중할 것이며, 아마도 그 사이에 한두 번 안식년을 보낼 것이다. 훌륭한 일이다. 하지만 교육이라는 면에서 볼 때 이미 사회의 불리한 부분 출신 — 노동계급과 이주자 가족 출신 — 의 젊은 이들에게는 삶이 더 어려워질 것이다. 기본소득이라는 달콤한 독약은 학교생활과 직업훈련의 단계마다 이들을 따라다닐 것이다. 노이 쾰른처럼 노동계급과 이주자 가족의 비율이 높은 베를린 일부 출신의 아이들에게 생계를 위해 무엇을 하기를 원하느냐고 물으면, 오늘날에도 종종 그들은 실업수당을 받을 계획이라고 말한다. 장래에는 "기본소득을 받을 겁니다"라고 대답할 것이다. 기본소득이 증가하면서 이렇게 말하는 사람의 숫자도 증가할 것이다. 자신에게 투자하고 질 좋은 일을 통해 자신의 삶을 개선하기를 멈추지 않도록 할 동기는 이미 자신과 싸우고 있고 자신의 환경의 요구와 싸우고 있는 매일 매년 시험에 들 것이다. 누구라도 사회가 돌볼 것이므로, 사회의 나머지는 오늘보다 이러한 사태 전개에 마음을 훨씬 덜 쓰게 될 것이다.

둘째, 무조건기본소득에는 사회적 적법성이 결여되어 있다. 현재, 사회의 모든 부분에 동등하게 혜택을 주는 모델을 상상하는 일은 불가능하다. 따라서 기본소득은 사회의 중심에 있는 사람들에게서 나와 고용되어 있지 않거나 부분적으로만 고용되어 있는 사람들에게로 재분배될 듯하다. 하지만 순수한 빈곤 통제를 넘어서는 포괄적인 사회서비스는 기존의 사회정의 개념으로도 정당화된다. 달리 어떻게 정당화되겠는가? 사회정의라는 규범에는 평등한 기회라는 아이디어가 포함되는데, 말하자면 누구에게나 노동시장이나 장터에서 평등한 기회가 생기도록 시도해 보게 한다는 것이다. 이 규범은 예를 들면 교육에 대한 공공지출이나 상속세를 정당화한다. 혹은 실업 보험이나 노령 보험을 위한 기여금을 사회적 이전과 연계하는 사회보험이라는 아이디어를 정당화한다.

소득이 필요하지 않은 사람에게도 왜 주어야 하는지와 관련한 문제가 남아 있긴 하지만, 무조건기본소득은 원리상 소득에 대한 시민의 권리를 토대로 삼는다. 약자인 사회구성원과의 사회연대는 기본소득 계획안의 반대편에 있다. 기본소득의 재원을 대지만 물질적으로 혜택을 받지 못할 중간계급이 이러한 "무조건" 재분배에서 사회정의를 찾을 듯하지는 않다. 이것이 대규모 재분배 프로그램이 투표권자들 사이에서 인기를 얻지 못하는, 심지어 이 프로그램으로 혜택을 받을 듯한 사람들 사이에서도 인기를 얻지 못하는 이유다. 이런 이유로, 스위스는 작년에 있었던 기본소득 도입에 관한 국민투표를 다수표로 부결했다.

사회적 가치

셋째, 무조건기본소득은 급속하게 유입 이주가 증가하는 사회의 요구에 역행한다. 많은 수의 이주 노동자와 그 밖의 이주자에게는 사회통합으로 도움을 줄 메커니즘이 더 적게 필요한 게 아니라 더 많이 필요하다. 중요한 것은 매일의 경험이다. 사람들은 일하면서 서로 만나고, 서로를 알고 평가하며, 언어를 배운다. 이를 고려할 때, 사람들에게 일을 그만두고 자격을 높이기를 그만두고 그저 집에 머물 이유를 주는 것은 치명적일 것이다. 그럼에도 고용과 노동시장만을 기반으로 삼지 않는 좋은 사회에 대한 논쟁은 필요하다. 사회를 개선하는데 필요한 일 가운데 노동시장을 통해 달성할 수 없는 것이 여전히 많지만, 노동시장이 인정될 필요는 여전하다. 그러나 무조건기본소득은 이를 달성하려는 잘못된 방법이다.

11. 기본소득은 강장제다: 안케 하셀에 대한 응답

울리히 샤흐트슈나이더 (2017년 5월 2일)

앞 장에서 안케 하셀은 기본소득이 사람들에게서 노동시장에 합류하려는 동기를 제거할 것이라고 주장하면서, 개인의 발전과 사회통합에 위협이라며 기본소득을 거부한다. 특히 노동계급과 이주자 가족 출신 젊은이들이 일반교육과 직업훈련에 투자하려 하지 않을 것이라고 한다. 이들이 유급 노동의 세계에 합류할 동기를 상실한다면, 수가 증가하고 있는 유입 이주자가 일터를 중심으로 통합되는 일조차 없을 것이라고 한다. 하셀의 기본적인 가정은 옳다. 일은 사람의 숙련 기술을 개선하고 자신감을 함양하고 사회 내에서 인정받는다고 느끼게 하는 데서 중요하다. 그러나 이런 것이 기본소득 때문에 위험에 처하는가?

첫째, 우리는 스스로에게 이렇게 질문해야 한다. 노동시장에 합류하도록 덜 강제하여 생기는 영향이 무엇인지 우리가 정말로 아는가? 핀란드에서는 바로 이것을 탐색하기 위해 실험이 시작되었다. 우리는 결과를 기다려야 한다.[1] 1970년대 캐나다에서 있었던 "민컴"

---

1) 2015년에 성립한 핀란드의 중도우파 연합정부는 2017년부터 2년간 기본소득 실험을 하

실험에서는, 연간 노동시간으로 측정한 노동시장 공급이 1퍼센트에서 7퍼센트 가량 감소했다.[2] 이것이 극적으로 들리지는 않는다. 두 가지 결과가 더 있다. 더 많은 젊은이(특히 노동계급 청년)가 고등학교를 졸업했고, 병원 입원 일수가 감소했다.

둘째, 유급 노동만이 개인의 성장과 사회통합이라는 중요한 과제를 완수할 수 있는 것인지 질문을 제기해야 한다. 자본주의적 동기가 지배하는 경제에서는 일을 통한 사회적 인정이 소득에 대한 욕구와 연계되어 있다. 어떤 것을 생산하고자 하는 욕구, 영향을 발휘하고 인정받고자 하는 욕구는 누군가가 하는 모든 것에 대해 지불받고 싶은 희망이라고 "번역"된다.

겠다고 발표했는데, 실험의 이유는 복지 체제에 커다란 부담으로 다가온 실업문제를 해결하는 데 기본소득이 도움이 되는지, 기본소득이 복지 체제를 효율화할 수 있는지를 알아보자는 것이었다. 이후 어떤 목적으로, 어떤 형태로 기본소득 실험을 해야 하는가를 둘러싼 논쟁이 있었지만, 핀란드 정부는 고용에 미치는 기본소득의 영향을 주로 알아보는 실험을 실시하기로 했다.

2017년 1월 1일부터 2년간 25~58세의 실업급여를 받는 2천 명을 무작위로 추출하여 실험이 진행됐고 기본소득 액수는 매월 560유로였다. 그리고 17만 3천 명 정도의 실업자가 비교를 위한 통제집단으로 선정되었다.

실험을 마친 2019년 2월에 예비 결과가 발표되었고, 2020년 5월에 최종 결과가 발표되었다. 고용과 관련해서 보자면 기본소득 수급자가 통제집단에 비해 고용일이 약간 늘었으나 유의미하다고 볼 수는 없다는 것이었다. 이는 거꾸로 기본소득이 노동 의욕을 떨어뜨리지 않는다는 근거가 될 수 있다. 주관적 웰빙과 관련해서는 기본소득 수급자가 통제집단보다 더 나아졌다.

2) "민컴Mincome 실험"이란 1975~78년에 캐나다 마니토바 주에서 실시된 Manitoba Basic Annual Income Experiment(기본연간소득 실험)의 줄임말이다. 4인 가구 기준 연소득 13,000캐나다달러 이하의 가구에 대해 실시되었고, 가구주 연령 기준은 58세 이하였다. 따라서 민컴은 말하자면 마이너스소득세negative income tax 실험이었다.

민컴 실험 결과, 고용은 집단에 따라 차이는 있지만 감소했다. 여기에 대한 판단은 논자마다 달랐는데, 여성의 경우 육아를 위해, 청년의 경우 학업을 위해 노동시간을 줄였기 때문에 도리어 의미 있는 결과라고 보기도 한다. 그 밖의 삶의 질은 크게 개선된 것으로 나타났다.

일과 소득

자본가가 지배하는 노동사회와 단절하려 할 때 있을 수 있는 출발점은 기본적인 개인적, 사회적 욕구와 유급노동을 분리하는 것이다. 무조건기본소득으로 적어도 부분적으로는, 달성될 일과 소득의 부분적 탈동조화가 시장구조를 넘어서는 다면화된 삶이라는 전망을 치켜들 것인데, 거기에는 스스로 조직한 개인의 일과 공동의 일의 다양한 형태가 포함된다.

이러한 비非화폐 형태의 일에서 사람들이 배우게 될 자질로 인해 노동시장에는 "좋은 일"에 대한 수요가 훨씬 많이 생길 것이다. 자신에게 돌아올 기본소득이 있기 때문에, 사람들은 자신들의 인격을 키우지도 않고 사회적, 생태적 가치도 없는 일을 거절할 수 있게 될 것이다. 노동시장은 덜 위계적이게 될 것이다. 그러므로 우리는 기본소득을 "진정성의 일괄적 지급authenticity lump sum"이라고 부를 수 있다.

하셀이 제시한 두 번째 논거는 기본소득이 나쁜 경제적 재분배 메커니즘을 야기한다는 것이다. 중간계급은 기본소득을 위해 돈을 내겠지만 물질적으로 혜택을 받지는 못한다는 것이다. 하셀이 "중간계급"이라는 말로 가리키는 것은 무엇인가? 기본소득의 재원을 ― 소득세, 생태세, 소비세, 자본이득세/부유세, 상속세 등의 인상을 통해 ― 마련한다 하더라도, 소수인 사회 부유층은 자신의 기본소득으로 돌려받는 것보다 더 많이 낼 것이다. 기본소득은 가장 풍요로운 20~30퍼센트에게서 나머지에게로 가는 재분배다. 재원 마련의 모든 예가 이를 보여 준다.

하셀이 말하는 것처럼, 이러한 재분배에서 실제로 혜택을 받게 될 많은 저임금 노동자가 기본소득을 거부하고 있다. 그러나 그에 대한 응답으로 다음과 같이 논할 수 있다. 기본소득은 오늘날의 체제처

럼 다른 사람이 돈을 낸 것에서 보조금을 받는 사람들만을 위한 것이
아니라 모두를 위한 사회국가라고 말이다. 더 나아가, 모두를 위한 기
본소득이 도입되면 유급 노동을 하는 사람과 복지 수당만 받는 사람
사이의 금전적 격차는 벌어질 것이라는 사실을 지적할 수 있다.

일하는 즐거움

하지만 이러한 논거는 이론적인 것이며, 우리는 실험들을 평가해
야 하는데, 그 실험들은 모두를 위한 진짜 기본소득이라기보다는 주
로 사회수당에 대한 대가로 일하게 강제하는 것을 경감하는 것과 관
련이 있다 하겠다. 물론, 누구에게나 더 큰 협상력을 부여하는 기본
소득은 노동시장의 체질을 바꿀 것이다. 덜 매력적인 업무와 조건을
담고 있는 노동의 가격은 오를 것이다. 다양한 측면에서 무의미하게
보이는 일에 대해 "아니오"라고 말할 선택지가 증가하는 탓에, 사람
들이 정말로 원하고 필요하다고 보는 일을 함께 나누는 경우가 증가
할 것이다. 우리는 "진정한" 일을 더 많이 하게 되겠지만, 아마도 노
동은 전반적으로 감소할 것이다. 그런데 왜 우리가 있을 수 있는 이
러한 변화를 거부해야 하는가? 케인스도 손주들은 기술이 진보하고
욕구가 더 많이 만족되는 탓에 주당 15시간을 일하면 될 것이라고 기
대했다.[3]

이러한 기본소득에 대해 어떤 생각을 하든, 기본소득은 사회국
가의 새로운 원리이며, 하셀도 기꺼이 그럴 것처럼 일은 어떤 것이
고 또 어떤 것이어야 하는지 다시 생각할 수 있는 새로운 기회다. 기

---

3) 이 책 48쪽의 주를 보라

본소득을 도입하는 것은 거대한 전환이 될 것이며, 이제 우리는 이를 천천히 준비해야 한다. 사람과 사회에게는 개인의 행동을 적응하게 하고 사회제도를 수정하기에 충분한 시간이 있어야 한다. 충분한 액수의 기본소득이 생존을 위해 사회문화적으로 필요한 최소한을 댈 수 있는 데 도달할 때까지 한 걸음 한 걸음 진전하며 시행될 수도 있을 것이다.

'무조건기본소득 유럽'[4]은 유럽 시민 누구에게나 매달 200유로의 유로배당을 지급하는 부분기본소득[5]이라는 아이디어를 연구하고 있다. 이 기본소득은 더 사회적인 유럽을 위해 매우 필요한 기여이자 거대한 전환을 위한 첫 걸음이 될 것이다. 기본소득은 달콤한 독약이 아니라 더 진정한 일의 세계를 위한 강장제다.

---

[4] 2013년에 시작된 '무조건기본소득을 위한 유럽시민발의'를 진행하면서 만들어진 단체 "UBIE"는 "Unconditional Basic Income Europe", 즉 무조건기본소득유럽의 약자인데, 책에는 "Universal Basic Income Europe", 즉 보편기본소득유럽으로 되어 있다. 필자 또는 편집자의 착각으로 보인다.

[5] 기본적 필요를 충족시키는 것보다는 낮은 수준으로 지급되는 기본소득을 "부분기본소득partial basic income"이라 말한다. 과거에 일부 논자는 특정 집단에게만 지급하는 기본소득을 "부분기본소득"이라고 부르기도 했으나, 현재에는 그런 기본소득은 "범주형 기본소득"이라 부른다

12. 기본소득과 제도적 전환

루이즈 하그 (2017년 3월 2일)

기본소득과 관련한 대부분의 오해는 기본소득이 달성할 수 있거나 달성해야 하는 것을 과장하는 것에서 비롯된다. 이에 대한 실례로는 최근에 루스 리스터가 영국의 압력단체인 컴퍼스의 논문 시리즈에 실은 글에서 제기한 합당한 논점을 들 수 있다.[1) 내가 보기에 기본소득은 제도 설계에서 나타나는 몇 가지 근본적인 문제에 대처한다. 그러한 문제들과 씨름하는 것은 현재 직면한 일련의 도전을 해결하는 데 기여할 것이지만, 이는 그 밖의 다른 변화에 따라 달라진다.

리스터와 마찬가지로 나는 무조건기본소득 아이디어가 가장 중요한 원리들에 대한 관심을 불러일으켰기 때문에 그 아이디어에 끌렸다. 복지국가는 무엇을 토대로 삼아 개인들을 지원해야 하는가? 오늘날의 사회에서 사회국가의 기능은 무엇이어야 하는가?

내가 기이하게 생각하는 것은 사회서비스의 보편적이고 무조건적 전달은 문제없이 이루어지고 있는 데 반해 최저생계 소득의 보장

---

1) 루스 리스터Ruth Lister가 2017년 1월 20일에 기고한 「보편기본소득에 대해 태도 밝히기? Coming off the fence on UBI?」를 말한다. 컴퍼스에 대해서는 이 책 62쪽의 주를 보라.

에 대한 접근법에는 지나간 시대의 도덕적, 사회적 계급 편향이 유지되어 왔다는 것이다. 실마리는 "소득"이라는 단어에 있다. 올바르게도 사람들은 기본소득 아이디어가 일에서 오는 소득을 대체할 것이라는 인상을 자신들이 가지게 되지 않을까 걱정한다. 일부 기본소득 지지자가 일에서 소득을 분리하기를 원한다고 말할 때는 소득과 일의 **부분적** 분리가 생기기를 원하는 것이라고 덧붙여야 마땅하다. 그렇게 덧붙인다면, 개인이 지닌 능력을 발휘하게 하고 기본적 평등 및 공동체의 의미가 지닌 능력을 발휘하게 할 것이라는 전제에서 우리가 이미 보장하고 있는 사회서비스에 대해 생각하는 것과 같은 방식으로 기본소득 보장에 대해 생각하는 것이 어떻게 가능한지를 더 쉽게 알게 될 것이다. 여기에는 건강, 교육, 돌봄 등의 많은 측면이 포함된다.

기본소득 보장을 공고히 할 때 뒤따르는 기본 아이디어는 기본소득지구네트워크 로고에 표현되어 있다. 로

고는 계단을 옆에서 본 모습을 표현한다. 바닥은 구조물에서 가장 넓은 부분이다. 이 토대를 누구나 함께 나눈다. 이 토대가 보장되면 사람이 올라갈 수 있게 된다. 어떤 사람은 다른 사람보다 더 높이 올라간다. 이는 이들에게 추가 소득을 올리고 그 외에 일련의 다른 일을 할 수 있는 기회가 있음을 표현한다. 소득과 관련된 이 이미지는 우리가 사회에서 다른 기회, 예를 들어 부모의 사회적 기여와 무관하게 처음에는 비용 없이 제공되는 교육이라는 기회를 다루는 방식과 실제로 조금도 다르지 않다.

소득과 일

따라서 기본소득을 도입한다고 해서 일과 소득의 전반적인 분리가 뒤따르는 것은 아니다. 화폐를 토대로 기여를 인정하는 것에는 유리한 점이 많으며, 거기에는 화폐가 기대를 안정화하는 데 중요한 계약 조건의 사회적 교섭을 가능케 하는 중립적인 매개라는 것도 포함되어 있다. 기본소득은 이러한 의미에서 벌이의 대체로 보아서는 안되고 보장의 기본 원천이라고 보아야 한다. 게다가 교환의 매개이자 오랜 시간에 걸쳐 고용이라는 형태로 기여를 인정하고 계획해 온 통화로서의 화폐는 그저 살기 위해 필요한 것이다. 더 문명화된 사회는 화폐의 서로 다른 기능을 분리해 낸다. 기본소득은 그렇게 하는 데 필요하여 오래 전에 했어야 하는데 기한이 지난 일의 일부다. 기본소득은 그 누구도 그 아래로 떨어지지 않을 기반이다. 세금 보조금과 면세인 보조금으로, 서로 다른 소득의 시민이 이미 기본적인 액수를 받고 있다. 무조건기본소득은 꼭 화폐의 재분배에 관한 것은 아니며 분배가 이루어지는 토대에 관한 것이다.

그렇다면 조건부에 대해 다시 생각한다고 해서 리스터나 다른 사람들이 정당하게 걱정하는 바와 같은 사회적 기여의 가치에 대한 저평가가 뒤따르지는 않지만, 조건부에 대해 다시 생각한다는 것은 어떻게 기여에 인센티브를 주어 기여가 지속되게 할 것인지에 관해 필요한 많은 것을 다시 생각할 것을 요청한다. 현행 복지 협상은 이런 문제들에 관한 책임을 개인에게 과도하게 지우고 있고, 더 효과적인 교육 계획과 직업 계획을 고안하는 방법과 관련된 어려운 문제에 대해 사회나 정책 입안자의 책임을 면해 주고 있다. 이렇게 두루 살펴볼 때, 기본소득 개혁에 뒤따르는 주요한 변화란 기본소득 지원에 대한 조건부의 제거다.

인센티브와 처벌

소득 지원을 조건부로 하는 것은 인센티브를 줄 목적이지만, 기본 최저생계를 상실할 위험성이 상존하고 또한 제공되는 일자리를 받아들이는 것을 조건부로 하여 기본적 보장이 이루어질 때라면 인센티브와 처벌 사이의 간격은 종이 한 장 차이다. 취약한 집단을 특별히 처벌하려고 현행 정책이 설계된 것은 아니지만 현행 정책은 그런 효과를 발휘하기에 알맞을 수 있다. 올바르게도 정책 논쟁은 빈곤의 덫을 완화하는 방법에 초점을 맞추고 있는데, 빈곤의 덫이란 기본 지원의 자격 박탈 비율이 높을 경우 벌이에 나서려는 인센티브가 결여되는 것을 가리킨다. 하지만 빈곤의 덫에 대한 이러한 묘사는 당장의 벌이 이외에 인간에게 동기를 부여하는 다른 원천을 고려하지 못한다. 빈곤의 덫에 걸려 위태로운 것은 돈 이상의 것이다. 소득 빈곤의 덫은 보장의 덫이기도 하다. 기본적 보장을 상실할지도 모른다는 두려움은 단기적인 자기보존 행위를 촉발하는 반면에 장기적으로 생각할 수 있는 기회는 더 지속 가능하고 넓은 전략을 세울 동기를 부여한다는 증거는 많다. 『일하기-삶, 웰빙, 복지 개혁Working-Life, Well-Being and Welfare Reform』에서 나는 이러한 효과에 대한 새로운 증거를 요약하고 제시했다. 현행 제도적 전략은 회초리로 호되게 후려쳐서 단기적으로 사람들에게 동기를 부여하는 것이다. 목표는 장기적인 개인의 전략을 가능케 하는 것이어야 한다. 이것이 개인, 가족, 사회 전체에 좋은 일이다.

몇몇 사람이 기여할 동기가 부여됐다고 느껴 기본소득으로 평생 아주 소소하게 살겠다는 모험 — 현재로서는 처벌이 없다면 할 수 없는 어떤 것 — 은 어떤가? 이것이 까다로운 약간의 윤리적 질문을 제기한다는 것은 부정할 수 없는 사실이다. 하지만 나는 그런 질문이

기본소득에 고유한 것이 아니라 인간 사회에서 끊이지 않고 솟아나는 것이라고 생각한다. 공식적인 고용을 지원하는 대부분의 제도에도 독립적으로 가치가 있는 그 밖의 기능들이 있다. 시장 소득을 더 많이 낳는 것이 기본소득의 유일한 목적은 아닌데, 이는 그것이 공교육의 유일한 목적이 아닌 것과 마찬가지다. 누군가가 가사를 전담하는 아내 혹은 남편이 되기로 결심하면, 아직도 우리는 그들이 받은 교육이 몇몇 방식으로 유용할 것이라고 생각할 수도 있다. 보험료 때문에 다수가 하지 않는 위험성이 높은 스포츠를 해 보려는 사람들이 있다. 교도소에는 비용이 많이 든다. 다른 말로 하면, 시장에서 직접적으로 생산적 가치를 가지지 않지만 어쨌든 우리가 가치를 두는 많은 공공지출의 영역이 있다. 우리는 시민들에게 기본적 보장을 제공하는 것의 가치를 그것이 더 안전한 공동체를 낳는다는 것을 전제로 하여 평가할 수도 있을 것이다. 벌이에 나서서 사정이 나아지게 하려는 인센티브가 기본소득 개혁으로 인해 결코 줄어들지 않는다는 점을 고려하는 것이 중요하다.

높은 목표 세우기

정책을 통해 사람들에게 인센티브를 주어 목표를 더 높이 세우고 교육을 더 오래 받도록 할 필요가 있다는 새로운 합의가 영국에 생겨났다. 신규 간호사와 의사를 훈련할 필요가 긴급하며, 돌봄에 진정으로 전문적인 지위를 부여할 필요가 긴급하다. 돌봄을 위해 새로운 형태의 사회적 저축과 재원 조달을 장려하는 체제를 고안하는 것이 필요하다. 이러한 도전들이 기본소득으로 직접 해결될 수는 없다. 어떤 것에는 돌봄 서비스 취업과 관련된 보수와 직업 지위를 증진하기 위한 규제 변화가 뒤따를 것이다. 하지만 기본소득은 필요한 제도 변화에서 어떤 역할을 할 수 있다. 기본소득은 사람들이 교육을 더 받거나 다시 교육을 받는 것으로 옮겨가도록 동기를 부여할 수 있으며, 노동시장에 통합될 때 장기적인 전망을 지원할 수 있다. 기본소득은 장기적인 저축 전략에 동기를 부여하는 데 도움이 될 수 있는, 그리고 — 그 밖의 규제 변화와 함께 — 더 넓은 제휴의 토대를 지원할 수 있는 방식으로 사회보험을 재설계할 때 일부가 될 수 있는 기반이다.

이로 인해 나는 리스터가 제기한 우려로 다시 돌아가야 한다. 나는 — 아이디어로서나 실천으로서의 — 기본소득을 노동윤리에 대한 도전이라고 보지 않는다. 무엇보다 잘못은 그런 도전을 기본소득이 해야 하는 일이라고 생각하는 데 있다. 도전을 받아야 하는 것은 바로 그런 식으로 생각하는 것이다. 기본적 보장이 있으면 일하지 않을 것이라는, 문제가 될 만한 가정이 재생산되는 이유는 무엇인가? 기본 최저생계에 대한 조건부를 완화하거나 차라리 해제하는 것은 일련의 더 복잡한 문제에 다가가는 작은 발걸음에 불과하지만, 어쨌든 중요한 발걸음일 것이다. 유럽 나라 전역에서 지방자치단체들은 조건부를 해제하는 실험을 진행하는 중인데, 왜냐하면 조건부가 작동하지 않기 때문이다. 하지만 직업과 장기 저축에 대한 인센티브를 창출할 정책과 함께 소득 지원 체제를 바꾸는 것을 고려하는 것이 중요한데, 그렇게 바꾸는 것 역시 기존 체제가 실패하고 있기 때문에 필요한 것이다. 이렇게 셋 사이의 맥락에서 기본소득을 생각해 보면, 기본소득이란 장기적인 인센티브를 지원한다는 관점을 가진 사회의 경제 제도가 지니는 차이가 무엇인지를 더 분명히 하는 과정의 일부다.

이런 일이 올바로 이루어진다면, 좀 더 구조화된 인센티브 구조는 지금보다 기여에 대해 더 많이 보답하는 결과를 낳을 수 있게 될 것이다. 따라서 리스터가 되풀이하고 있는 기여와 관련된 앤서니 애킨슨의 우려가 중요하긴 하지만, 직접적인 조건부는 최선의 해결책이 아닐 것인데,[2] 이런 모험은 도덕적 해이와 비용이 많이 드는 측정이라는 문제를 낳기 때문이다. 애킨슨은 단 하나의 정책으로 너무 많은 목표를 해결하려 했다. 나는 『정책과 정치Policy and Politics』와 『기본소득 연구Basic Income Studies』에서, 기본소득을 더 의도적으로 인간 개발을 추구하는 — 북유럽 나라들과 같은 — 더 복잡한 복지 체제와 충돌하는 것으로 볼 원리적인 이유나 정말 실천적인 이유가 없다고 논했다.

페미니즘 프레임

기본소득은 페미니즘의 관심사를 지지하는가? 역시 나의 대답은 같다. 현대사회에서 여성이 직면하는 모든 문제의 해결을 기본소득 개혁에 걸 필요는 없다. 기본소득에 뒤따르는 기본적 보장은 일부 집단과 상황에 더 가치가 있을 것이다. 여성은 평균적으로 남성보다 더 크고 복잡한 형태의 불안전에 직면하기 때문에 특히 여성이 혜택을 볼 것이다. 그러나 여성이 자신의 일과 시간에 대한 통제권을 얻는 것을 더 어렵게 하는 일련의 문제를 기본소득이 해결할 수는 없는데, 그런 문제는 규제를 통해 위험성을 함께 나누는 대응을 요구하는

---

2) 영국의 경제학자이며 불평등 연구의 권위자인 앤소니 애킨슨Anthony Atkinson(1944~2017)은 기본소득이 무조건성 때문에 사회적으로 받아들여지기 어렵다고 보고 그 대신 참여소득participation income을 주장했다. 고용되어 노동하지 않아도 사회적으로 유의미한 활동, 예컨대 교육, 돌봄 등에 참여한 사람에게 소득을 보장하자는 것이다. 조건부인 참여소득은 무조건성을 특징으로 하는 기본소득과 구별된다.

집단적인 문제다. 진심을 다하여 보육을 감당하는 것, 일 부담에 대한 기대가 더 균형을 갖추는 것, 직업 수행 능력을 젠더 균형적으로 인정하는 것 등은 협동적인 해결책을 요구하는 문제들이다.

끝으로 기본소득은 사회의 토대가 더 안정적인 형태의 보장으로 이행하는 어떤 형태를 지지하는 광범위한 논거가 무엇인지를 지적한다. 나는 임박한 자동화가 기본소득 개혁을 위한 근본적인 토대가 아니라는 리스터의 주장에 동의한다. 하지만 나는 더 나아가 덧붙이고자 한다. 기본소득으로의 이행의 형태가 정당화되는 근본적인 이유가 일의 많은 영역에서 불안정성이 증가하기 때문도 아니라는 것이다. 체제 변화에 대한 대응으로서 기본소득에 찬성하는 주장이 있다. 이러한 논거의 한 가지 버전에서는 최저생계의 보장이란 고용 패턴이 더 복잡하고 급속하게 변화하여 생겨나는 불확실성에 대한 물 샐 틈 없는 대응일 뿐이다. 하지만 많은 집단 — 노동조합을 포함하여 — 이 종종 이런 논거를 언짢게 여기는 이유는 그 논거가 수동적인 어조라는 것이다.

실제로 기본소득에 위기를 완화하는 기능이 있는 것이 맞지만, 기본소득의 장기적인 역할은 더 적극적이다. 비록 자유무역 체제가 역공을 경험하고 있다 해도, 지구적 고용 패턴이 복잡한 변화를 계속 겪을 것이라는 점은 의심할 여지가 없는 사실이다. 이러한 맥락에서 볼 때, 기본소득은 국가 수준에서 더 예방적인 발전 정책과 규제를 통한 대응의 필요성이 커지는 것에 대한 대체물이 아니다. 그러나 기본소득은 잠재적으로는 이러한 종류의 대응을 법률로 정하게 하는 민주적인 압력에서 열쇠에 해당하는 원천이다. 기술은 인간의 에너지를 돌봄, 건강 증진, 환경보호 등 다른 형태의 일로 돌릴 수 있는 기회로 바뀔 수 있다. 기본소득이 이런 일을 직접 하지는 않을 것이지만 사회 안에서 힘의 균형을 더 보증하는 데서 간접적인 역할을 맡을 수는 있을 것이다. 기본소득을 위한 가장 중요한 체계적인 논거는 민주화라는 일반적인 면에 담겨 있다.

이를 토대로 삼는다면, 노동조합은 기본소득을 장래에 고용 형태가 모습을 갖추어 가는 것과 관련된 자신의 이해관계를 위협하는 것으로 보아서는 안 된다. 기본소득은 일하기, 조직하기, 리스크 나누기 등의 새로운 집단적 형태를 지지하는 데 도움을 줄 수 있다. 기본소득은 권리를 더 넓은 의미의 복지 및 일과의 관계 속에서 재사고하는 것을 지지할 수도 있을 것이다. 예를 하나 들자면, 고용의 질은 사회 안의 돌봄의 질이나 이용 가능성과 분리된 문제가 아니다. 개인이 노동시장과 맺는 연줄을 통제하기 위해 현재 이용되고 있는 사회정책은 개인을 원자화하고 사회를 조각낸다. 기본소득에는 시민들 사이에 일련의 새로운 직접적인 관계가 가능케 하고 시민과 국가 사이에 더 균형 잡힌 관계가 가능케 하는 잠재력이 있다.

13. 기본소득은 필요없다: 기술적 실업의 위협에 대처하는 다섯 가지 정책

헤닝 마이어 (2017년 3월 27일)

기술적 실업의 잠재적 위협은 우리 시대에 가장 뜨겁게 논쟁이 벌어지는 경제적 쟁점 가운데 하나다. 이사회 회의실과 노동조합 사무실에서 그렇고, 정책 입안자들 사이에서도 점차 그렇게 되고 있다. "디지털"이라는 두루뭉술한 용어가 최근 몇 년 동안 수많은 정치적 개념에 추가되었는지는 모르겠지만, 이렇게 상표를 붙이는 것을 넘어서서 이러한 위협에 대한 포괄적인 정책 대응이 무엇이어야 하는지에 관해 실질적인 논쟁을 벌이는 일은 거의 없었다. 우리는 대규모 일자리 상실에 관한 몇몇 좀 칙칙한 예언이 구체화될지 아닐지는 알지 못하지만, 노동시장의 실질적인 교체가 일어날 것인지 그리고 언제 일어날지에 대해 정부 등등이 준비해야 한다는 것은 안다.

보편기본소득이라는 부활한 아이디어는 지금 진행되고 있는 제한된 정책 논의에서 주춧돌이다. 이 아이디어는 물론 새로운 것이 아니고, 수십 년 동안 여러 번 성육신하며 전혀 다른 문제들에 대한 해결책으로 제시된 바 있다. 여기서 우리와 관련이 있는 것은 보편기본소득이 가속화된 기술변화로 나타날 수도 있는 대규모 기술적 실업이나 일시적 노동시장 탈구에 대한 해결책일 수 있는지 여부뿐이다. 쟁점을 세부적으로 살펴보면, 열쇠에 해당하는 많은 쟁점을 기본소득이 해결하지 못한다는 점이 분명해진다. 여기에는 몇 가지 이유가 있다.

첫째는 기본소득이 그저 소득을 위해 하는 일의 가치를 사실상 감소시킨다는 것이다. 많은 사람이 이 논거에 동의하지 않는다는 것을 나는 알고 있지만, 나는 그렇게 본다. 물론 생계를 꾸린다는 것이 일과 연관된 본질적 요소이긴 하지만 사회적 측면도 결정적이다. 일이 제공하는 사회적 가치는 자부심의 본질적 원천이며, 사람들에게 삶의 구조물과 사회에서의 역할을 제공한다.

평생 가는 흉터?

흉터를 남기는 효과의 위험도 있다. 노동시장을 떠나 오랫동안 기본소득으로 살면, 그 시장에 재진입할 기회는 아주 희박해진다. 기술변화가 가속화되면, 기존 숙련 기술이 점점 더 급속히 시대에 뒤진 것이 될 듯하며, 따라서 일할 능력을 잃고 기본소득에 거의 영구적으로 들러붙어 있기가 대단히 쉬울 듯하다.

이 논점은 이제 불평등 문제를 제기한다. 사람들에게 기본소득을 지급한다고 해서, 디지털경제에서 일부는 유별나게 잘 나고 나머지 많은 사람은 뒤처질 것이라는 근본적인 문제가 제거되지는 않을 것이다. 종종 듣는 논거 하나는 기본소득이 제공하는 것보다 더 많은 돈을 원하면 그저 며칠 일할 수 있다는 것이다. 하지만 기술적 실업이 문제라면, 이러한 선택지는 대규모 일자리 상실로 인해 실행 불가능하게 될 것이기 때문에 간단하게 제거된다. 그리하여 디지털경제는 기본소득 수준에 묶이는 새로운 하층계급과 가장 큰 혜택을 거두어들일 경제 엘리트를 낳을 것이다. 또한 기본소득의 재원을 마련하는 아이디어가 대개 비례세와 공공복지 제공의 폐지를 기초로 하므로, 뒤처진 사람들은 크게 보아 기본소득에 대한 사회적 책임을 면하게 된다.

보편적 버전의 기본소득은 또한 희소자원을 잘못 할당하는 것의 일례이기도 하다. 보편기본소득이 직접 지급되건 세액공제 형태로 제공되든, 기본소득이 필요하지 않은 사람들에게 지급되는 모든 재원에 대해, 기존 조세 체제의 할당을 기준으로 삼는다면, 조세 체제 개혁을 통해 환수를 요청할 수 있을 공산은 거의 없다. 그런데 왜 보편적 지급이 특유한 문제에 대한 훌륭한 해결책이어야 하는가?

끝으로, 몇 가지 가시 돋힌 쟁점이 있을 수도 있는데, 이주자는 기본소득 수급 자격을 언제 얻게 되는지와 관련된 쟁점이 있을 수도 있고, 유럽의 경우에는 그러한 체제가 유럽연합의 이동의 자유 및 비차별 규칙에 어떻게 부합하는지와 관련된 쟁점이 있을 수도 있다. 게다가 많은 나라에서는 현행 연금 체제 — 또한 기본소득의 효과 — 를 없애는 것이 좀처럼 쉽지 않을 것인데, 그 체제에는 엄격한 법적 자격 요건이 담겨 있어서 그렇다.

한 움큼의 대안

이 모든 이유로 인해, 기본소득은 기술적 실업의 위협에 어울리는 정책 대응처럼 보이지 않는다. 그 대신에 어떤 것이 좋은 결과를 낳을 수 있을까? 아래의 다섯 가지 주춧돌을 토대로 하는 정책 의제가 좀 더 포괄적이고 적응력 높은 해결책일 수 있겠다.

첫째, 지금까지 그랬던 것보다 교육제도가 새로운 경제 현실에 분명히 더 적응할 필요가 있다. 교육은 정보의 기억/유지에 관한 것으로 있기보다는, 그 정보를 지식으로 전환하는 데, 그리고 이전 가능한 창조적, 분석적, 사회적 숙련 기술을 가르치는 데 초점을 맞추어야 한다. 기술적 숙련은 매우 빠르게 시대에 뒤진 것이 될 수도 있지만, 창조적이게 되고 적응하고 지속적인 배움에 종사할 수 있는 능력은 가치 있는 일로 언제나 남을 것이다.

둘째, 대규모 기술적 실업이 있다면 남은 일자리를 재할당하는 것이 첫 번째 조치여야 한다. 존 메이너드 케인스가 자신의 손주 세대를 위해 마음속에 그렸던 주당 15시간 일하기[1]는 아닐 수 있겠지만, 가능한 곳에서는 그러한 정책이 의미가 있을 것이며 균형을 다시 잡는 최초의 도구가 될 것이다.

셋째, 공공정책 입안자들은 표준적인 노동시장을 보완하는 일자리 보장 계획안에 관해 생각하고 있어야 한다. 이런 방식으로 유급 활동을 보장하는 것은 전통적 일자리가 상실될 때 효과가 나타나기 시작할 것이다. 이렇게 유급 활동을 보장하면, 사람들이 계속해서 활동적일 것이며 자신의 숙련 기술을 사용할 수 있을 것이다. 정부가 "최종 고용주"로서 행동한다면, 유급 활동 보장은 흉터 효과를 방지할 것이고, 또한 마땅히 그래야 하겠지만 보장된 유급 활동에서 재인정/재훈련이 핵심 요소라면 숙련 기술 향상을 적극적으로 증진할 수도 있을 것이다.

이러한 계획안은 활동에 대해 지불한다는 것과 이 계획안이 사회적으로 유익한 활동에 인센티브를 제공하는 추가적인 공공정책이라며 창출하는 내용이라는 것 사이에 사실상 탈동조화를 가져올 것

---

1) 이 책 48쪽의 주를 보라.

이다. 예를 들어 일자리 보장은 건강 부문과 돌봄 부문을 업그레이드하는 데 효과적으로 이용될 수 있는데, 이들 부문에서는 현행 인구통계 추세에 따르면 장래에는 더 많은 인간 노동이 필요할 것이다. 또한 일자리 보장은 스포츠나 지역에서 이루어지는 그 밖의 문화 활동의 재원을 마련하는 데 이용될 수 있으며, 따라서 공동체 내의 사회적 결속을 강화하는 데 이용될 수 있다.

그러한 일자리 보장 체제는 다양한 중개 제도와 거버넌스 제도를 통해 운영될 것이다. 이것은 계획경제를 도입하는 것에 관한 것이 아니다. 이 아이디어는 전통적 일자리가 사라지거나 과도적 실업의 시대가 올지라도 인간으로서의 우리에게는 우리가 능동적으로 참여할 수 있는 사회적으로 유익한 활동이 어떤 종류의 것이 있는지와 관련된 아이디어가 바닥이 나지 않을 것이라는 가정을 전제로 한다.

자본을 소유하라

네 번째 주춧돌은 이제 이러한 계획안의 재원을 마련할 방법을 말한다. 과세표준을 확대할 수 있는 방법을 포함하여 과세를 재사고하는 것은 분명 가치 있는 일이지만, 결국 과세는 불충분하거나 왜곡될 수 있으며 그 둘 다일 수도 있다. 대부분의 일을 로봇이 하는 세계에서 우리가 실제로 생을 마감하게 된다면, 근본적인 질문은 이런 것이다. 누가 로봇을 소유하는가?

이 질문은 우리를 다섯 번째이자 최종적인 논점으로 이끈다. 자본 소유권의 민주화를 말하는 것이다. 이 멋진 디지털 신세계에서는 로봇 소유자가 승자라면, 가능한 한 많은 사람이 소유권에 이해관계를 걸어야 한다. 소유권은 개인 수준과 거시 수준 모두에서 작동할 수 있다. 기업 수준에서 보자면, "노동자 지분" 같은 모델은 소유권을 피고용인 사이에 확산해 노동자는 개인적으로 임금 소득에 덜 의존할 수 있게 된다. 거시 수준에서 보자면, 자본이 거둔 수익을 재사회화할 특정 목적의 금융기관을 창출할 수도 있다. 그런 금융기관은 대학 기부금이나 국부펀드 같은 방식으로 작동되면서 일자리 보장에 재원을 마련하는 데 도움을 주도록 이용될 수 있는 새로운 공공 세입을 창출하는 중앙정부 투자기금이 될 수도 있다.

기본소득의 핵심 아이디어는 자유지상주의 사회관을 토대로 삼고 있다. 기본소득을 시행하게 되면 현재는 집단적으로 조직화되어 있는 우리 일상생활의 많은 측면이 개별화될 것이다. 다른 한편, 위에서 제안한 정책혼합은 디지털혁명의 잠재적인 부정적 측면에 대한 효과적인 방어책을 제공할 뿐 아니라, 그와 동시에 공동체를 강화하고 불평등을 줄이는 도구도 창출할 것이다.

정책이라는 면에서 디지털혁명에 어떻게 대응할 것인지를 둘러싼 논쟁은 앞으로 결정적 논의 가운데 하나가 될 것이다. 기본소득은 그 가운데 하나일 뿐이다. ― 그리고 여기서 개괄한 이유들 때문에 대단히 문제가 될 만한 것이다. 디지털혁명이라는 쟁점에 대처할 다른 방법들이 있다.

14. 시민소득: 실현 가능하고도 유용하다

말콤 토리 (2017년 4월 10일)

최근에 (『사회적 유럽』에서) 기본소득 혹은 시민소득에 관한 논의가 많이 이루어졌다. 모든 개인을 위한 무조건적이고 자격이 박탈되지 않는 소득을 말하는 것이다. 여기서의 나의 목표는 한 번 이상 제기된 바 있는 특별한 논점 하나에 응답하는 것이다. 시민소득은 감당할 수 없을 것이라는 논점을 말하는 것이다.

이것은 다양한 응답이 있을 수 있는 복잡한 문제다. 그런 응답 가운데 몇 가지는 단기나 중기에는 실행 가능하지 않지만 더 장기적으로는 가능할 수도 있는 것이다. 예를 들면 금융거래세나 토지가치세 같은 새로운 형태의 과세가 그렇고, 아니면 금융위기 이래로 여러 중앙은행이 실행한 양적완화의 노선에 따른 새로운 화폐의 창조 같은 것이 그렇다. 이러한 재원 마련 방법 가운데 어느 것도 쉽게 수립될 것 같지는 않으며, 시민소득을 도입하는 것과 동시에 이런 방법 가운데 하나를 시행할 공산은 영에 가까울 것이다.

단기나 중기에 시민소득의 재원을 마련하는 좀 더 실현 가능한 방법은 현행 조세 및 수당 체제를 조정하는 것일 테다. 영국에서는 그러한 조처로 '소득세 인적공제'의 축소, '국민보험 기여금' 요율과 면세점의 조정,[1] '소득세' 요율 변경, 자산 심사가 따르는 기존 수당의 폐지와 조정 등이 있을 수 있다. 다양한 배열이 분명히 가능하겠지만 어떤 것은 다른 것보다 더 실현 가능할 것이다.

영국을 보자면, '소득세 인적공제'와 '국민보험 기여금 최저 수입 한도'의 정책조합의 가액과 일하지 않는 사람을 위한 자산 심사가 따르는 수당인 '구직자 보조금'의 가액이 비슷하다. 이는 '인적공제'와 '최저 수입 한도'를 영으로 줄이고 자산 심사가 따르는 수당을 폐지하면 그와 동일한 가액의 시민소득을 지급할 수 있다는 점을 시사한다. 이러한 접근법이 매력적으로 보일 수는 있겠지만, 첫째로, 주거와 연계되어 있으면서 자산 심사가 따르는 수당('주거수당', '지방세 감면', '유니버설 크레딧'의 주거 관련 요소)의 수준이 주거비가 높은 지역에서는 상당하므로 이러한 수당들은 유지되어야 할 것이다. 둘째, '근로자 세액공제'와 '아동 세액공제'를 받는 가구는 시민소득이 '소득세 인적공제' 손실분을 대체하지만 일하는 사람을 위한 자산 심사가 따르는 수당의 가액은 대체하지 못한다는 것을 알게 될 것이다. 그러므로 저소득 가구의 상당수는 시민소득이 시행되는 시점에 상당한 손실을 보게 될 것이다. 이는 분명 받아들일 수 없는 것이다.

---

[1]　영국에서는 고용연금부가 "국민보험National Insurance"이라는 이름으로, 퇴직연금, 실업급여, 산재급여, 장애급여, 유족급여, 질병수당, 출산수당 등을 통합하여 운영한다. 기여금은 피고용인, 사용자, 자영업자 등이 소득 수준에 따라 납부한다. 2020/21년의 경우, 피고용인이 주당 183파운드 이상을 벌 경우 183파운드 이상에 대해 962파운드까지는 12퍼센트, 962파운드 이상에 대해서는 2퍼센트를 기여금으로 낸다.

자산 심사는……

단기에서 중기의 유일한 선택지는 자산 심사가 따르는 수당의 유지이며, 이때 각 가구에게 지급되는 자산 심사가 따르는 수당은 이제 받고 있을 시민소득을 토대로 다시 계산될 것이어서 이들의 순수입은 변동할 것이다. 이로 인해 시민소득의 단순성이 희생된다는 이의제기에 부딪힐지도 모르는데 — 실제로 이의제기에 부딪혔다 —, 단순성은 시민소득 제창자들이 주장하는 유리한 점 가운데 하나다. 그것은 오해다. 시민소득은 여전히 철저하게 단순할 것이다. 시민소득은 소득, 가구 구조, 고용 신분과 상관없이 동일한 연령의 누구에게나 동일한 액수로 지급될 것이다. 시민소득은 어떤 개인과 어떤 가구도 무언가를 세울 수 있을 안전한 기초로 기능할 것이다.

일부 가구가 여전히 받게 될 자산 심사가 따르는 수당은 물론 지금처럼 복잡하고 낙인을 찍는 채로 남을 것이다. 그리고 자산 심사가 따르는 수당에 여전히 의존하는 가구는 높은 한계공제율[2]을 계속 겪게 될 것이다. 하지만 더는 자산 심사가 따르는 수당에 의존하지 않아도 되는 가구는 한계공제율이 줄어들 것이고, 고용 인센티브가 커질 것이며, 더는 관료제의 침해, 제재, 낙인, 불안전, 자산 심사가 따르는 수당의 복잡성 따위를 경험하지 않게 될 것이다. 따라서 중요한 것은 시민소득이 시행되고 그와 연계되어 조세나 수당이 변한 뒤에 더는 자산 심사가 따르는 수당에 의존하지 않는 가구의 숫자다. 그리고 자산 심사가 따르는 수당에서 곧 벗어날 수 있는 거리에 있는 가구의 숫자도 중요하다. — 자산 심사가 따르는 수당을 매주 겨우 몇

---

2) 소득이 증가하면 그로 인해 세금이나 각종 사회복지 부담이 증가하고 반대로 세액공제나 수당이 줄거나 없어지는데, 소득 증가분과 그로 인해 발생한 이러한 세금 및 사회복지 관련 부담의 변화의 비율을 "한계공제율Marginal Deduction Rate"이라 한다.

파운드 받는 가구라면 청구를 포기하는 길을 선택할 것이고 그 대신에 고용 시간을 늘릴 것이기 때문에 그 숫자가 중요한 것인데, 이들은 추가되는 총수입이 얼마든 더는 수당 박탈이 일어나지 않을 것이라는 점을 알고 그렇게 할 것이다.

…… 그리고 비용은

사회경제조사연구소는 시민소득 계획안에 드는 비용을 계산한 많은 연구 보고서를 출판했다. 최근의 예로는 「엄격하게 세입 중립적인 시민소득 계획안에 대한 평가」와 「시민소득 계획안: 수정안과 파일럿 프로젝트: 유로모드 연구 보고서 EM 5/16에 대한 부록」이 있다.[3] 이들 보고서가 보여 준 바에 따르면, 현행 수당을 그대로 둔 채 다시 계산하여 소득세를 3%만 인상하는 시민소득 계획안은 세입 중립적일 수 있으며, 저소득 가구에 대해서는 시행 시점에서 손실을 피하게 할 수 있으며, 모든 가구에 대해서는 손실을 최소화할 수 있으며, 빈곤을 줄일 수 있으며, 불평등을 줄일 수 있으며, 주목할 만한 수의 가구를 자산 심사가 따르는 수당에서 벗어나게 할 수 있으며, 여전히 자산 심사가 따르는 수당을 받는 가구에 대해서는 수당의 평균 지급 수준을 상당히 줄일 수 있다. 그러한 계획안이 순비용 영衆으로 빈곤과 불평등 모두를 줄일 것이라는 사실은 그 계획안을 시행하기에 충분한 논거가 될 것이다. 그 계획안이 또한 많은 가구를 자산 심사가 따르는 수당에서 벗어나게 할 것이며 어떤 개인과 가구에게나

---

3) 1980년에 에식스대학에 만들어진 사회경제조사연구소The Institute for Social and Economic Research에는 유럽연합의 조세-급여 모델인 유로모드EUROMOD를 개발하고 운영하는 마이크로시뮬레이션 팀이 있다.

무언가를 세울 수 있는 견고한 재정적 기반을 제공할 것이라는 사실은 21세기의 유연한 노동시장과 가구 구조에 적합한 조세 및 수당 체제로 가는 첫 걸음을 밟게 할 것이다. 자산 심사가 따르는 수당의 청구 건수가 감소하면 시민소득에 드는 행정비 이상의 행정상의 절약을 가져다줄 것인데, 시민소득은 아동수당보다 행정상 관리하기가 더 단순할 것이기 때문이다.

시민소득 논쟁은 지난 5년 남짓 동안 급격하게 진화해, 시민소득이 지닌 유리한 점과 불리한 점에 대한 논의에서 그 실현 가능성에 대한 탐색으로 나아갔으며, 아주 최근에는 시행에 관한 아이디어로 이어졌다. 논쟁이 진화를 계속함에 따라, 실례가 되는 계획안의 실현 가능성과 그로 인해 있을 수 있는 결과는 논쟁에서 점차 중요해질 것이다.

15. 무조건기본소득: 복지국가에 해로운 아이디어

보 로트슈타인 (2017년 11월 23일)

정치적 좌파는 사회정의가 더 많이 실현되도록 고결하게 분투해왔다고 인정받지만, 감히 주장하건대 역사적으로 볼 때 정치적 좌파의 몇 가지 아이디어는 특별히 잘 생각해 낸 것은 아니었다. 예를 들면 중앙에서 계획하는 경제라는 아이디어, 모든 생산수단의 국유화, 강제 농업 집단화 등을 그런 것으로 들 수 있으며, 나라면 여기에 스웨덴의 임금노동자기금[1]을 추가할 수 있겠다. 때때로 끔찍하기도 했던 이들 실패의 한 가지 원인은 시행 과정을 고려하면서 어떤 정책이 현실과 만날 때 실제로 어떻게 작동하며 어떤 결과를 가져오는지를 기꺼이 깊이 생각하려 하지 않은 것이다.

좌파에게서 나온 많은 정치 프로그램은 일반적 원리 수준에 머

---

[1] 1976년에 스웨덴 노동조합연맹LO는 민간 대기업들의 이윤의 일부를 신규 발행 주식 형태로 임금노동자기금에 매년 자동적으로 이전하는 안을 제출했다. 이 안이 실시되면 수십 년 안에 대다수 민간 대기업 주식의 과반수를 임금노동자기금이 소유하게 되어 생산수단의 사회화가 이루어지게 될 것이었다. 이 안을 둘러싼 논쟁이 치열하게 벌어지다가 1983년에 통과됐지만, 기업의 사회화 내용은 빠지고 도리어 임금 인상 억제가 우선적인 목표가 됐다.

물러 있었으며, 그것과 연관된 구체적인 시행 문제는 빠진 채로 있었다. 이는 정치를 하는 좋은 방법이 아닌데, 왜냐하면 사회정의를 증대시키기 위해 설계된 정책은 아닐지라도 좋은 뜻에서 나온 많은 공공정책이라는 것이 시행 단계에서 비참하게 실패한 바 있다는 것을 여러 연구가 보여 주기 때문이다. 프로그램 시행으로 인해 관료제가 광범위한 토대의 적법성을 잃게 되는 "관료제 악몽"으로 이어졌기 때문에 선한 의도는 종종 꺾이곤 했다. ("지옥으로 가는 길은 선한 의도로 포장되어 있다.")

정치적 좌파에서 나온 그런 아이디어 가운데 최신의 것은 무조건보편기본소득이라고 알려져 있는 정책이다. 개념은 단순하다. — 유급 일자리를 가질 필요에서 벗어나게 하는 기본소득을 받을 자격이 시민 누구나 있을 것이라는 것이다. 이 개념의 배후에 있는 보편성이라는 것은 일하는 사람까지 이 기본소득을 받게 된다는 식의 것이다. 무조건보편기본소득에 찬성하는 논자들은 유리한 점을 여럿 지적한다. 첫째, 유급 노동을 통해서는 스스로를 부양할 수 없는 사람들에게 해당되는 자산 심사가 따르는 모든 프로그램이 철폐될 수 있다. 둘째, 기술개발은 일자리 수가 상당히 줄 것임을 뜻하는데, 이는 장래에 많은 사람이 유급 노동을 얻을 수 없음을 의미한다. 셋째, 그러한 개혁은 고용주들로 하여금 더 수용할 만하고 품위를 덜 떨어뜨리는 유형의 일을 만들어 내지 않으면 안 되게 할 것인데, 왜냐하면 사람들은 자기가 생각하기에 만족스럽지 못한 일자리를 받아들이지 않을 것이기 때문이다. 제창자들에 따르면, 사람들로 하여금 유급 일자리를 가져야 한다는 강압에서 벗어나게 한다는 것은 자원봉사/시민사회 부문과 문화생활을 강화한다는 것을 의미하기도 한다.

넓은 지지층

이 아이디어 뒤에 줄을 선 사람들로는 국제적으로 명성이 높은 많은 정치철학자가 있고, 또한 유럽의 여러 녹색당 지부와 좌익 정당은 물론 적지 않은 수의 국제적으로 유력한 정치가, 즉 버니 샌더스 Bernie Sanders와 제레미 코빈 Jeremy Corbyn 등도 있으며, 놀랍게도 세간의 이목을 끄는 실리콘밸리의 몇몇 저명한 IT 사업가도 있다. 이러한 무조건보편기본소득의 규모에 관해서는 제안이 다양하지만, 이왕에 이 소득으로 살아가는 것이 전적으로 가능하려면 대략 매달 800파운드 정도가 필요하다는 제언이 제출되어 있다. 학자금대출로 생활비를 대는 정도라 하겠다.

무조건보편기본소득은 아주 좋은 뜻에서 나온 아이디어이지만, 나는 이 아이디어가 고려하지 않는 여러 문제를 지적하고자 한다. 첫째, 그러한 개혁은 지속 불가능할 정도로 돈이 많이 들 것이며, 따라서 건강관리, 교육, 노년층 돌봄 등과 같은 공공서비스의 질을 유지할 국가의 능력을 위태롭게 할 것이다. 그러한 공공서비스의 질이 하락하여 나타나는 효과는 여력이 있는 많은 사람이 이러한 서비스를 사적 시장에서 구매하기 시작하는 것일 테다. 이는 그러한 집단(중간계급이라고 불러 보자) 사이에 세금을 내려는 의향이 상당히 약화된다는 것을 뜻할 텐데, 왜냐하면 이들은 자신들이 "두 번 내야" 하는 이유를 스스로에게 물을 것이기 때문이다. 세금 감소는 이러한 서비스의 질을 유지할 능력을 더욱 감소시켜, 지불할 돈을 스스로 마련할 수 없는 사람들이 이용할 수 있는 공공서비스의 질이 훨씬 더 나빠지는 소용돌이치는 듯한 악화 상태로 빠져들 수도 있을 것이다. 세금과 표로 그러한 프로그램을 지지하려 하는 사람은 점점 적어질 것이다. "빈민 poor"만을 수취인으로 하는 공공서비스는 "빈약한 poor 서비스'

라는 관념을 지지하는 경험적 증거는 상당히 많다. 다시 말하면, 무조건보편기본소득은 대부분의 보편복지국가 프로그램에는 십중팔구 사형 선고가 될 듯하다.

안락한 생활

무조건보편기본소득에 제기되는 또 다른 문제는 전반적인 정치적 적법성과 관련이 있다. 기본소득 옹호자들에 따르면, 기본소득은 18세 이상의 모든 시민에게 수여될 것이다. 한 달에 800파운드가 있으면 젊은 사람들은 한동안 꽤 잘 지낼 수도 있다. 하지만 시간이 흐르면 많은 사람은 이 소득이 자신들의 필요에 충분하지 않다는 것을 깨닫게 될 것이다. 무조건보편기본소득에 의존하여 성인의 삶을 시작한 사람의 상당수가 다양한 "비정기적" 소득(마약 밀거래, 매춘 등등)으로 생활수준을 높일 위험성이 존재한다. 이런 경우, 이들이 상대적으로 소수라 할지라도 매스컴의 관심이 많이 생길 듯하다. 다양한 비정기적 활동에서 나오는 소득과 무조건보편기본소득을 결합해서 높은 생활수준을 누리는 사람들에 대해 미디어가 보도한다면, 무조건보편기본소득은 적법성을 잃을 것이다. 더 나아가 한 달 800파운드면 발리 해변에서 서핑을 즐기면서 아주 즐거운 삶을 살 수도 있다. 이로부터 나오는 정치 논리는 십중팔구 무조건보편기본소득 수준에 대한 하방 압력일 듯하다.

세 번째 문제는 일에 대한 필요와 관련이 있다. 19세기에 영국 섬유 노동자들은 러다이트운동이라고 알려진 것을 조직했다. 이들은 제공될 일자리 숫자를 새로운 증기동력 방직기가 줄일 것으로 보았기 때문에 그 기계를 공격하고 파괴한 것으로 가장 잘 알려져 있다.

내 의견으로는, 기술개발 때문에 우리가 노동 수요의 감소에 직면해 있다는 논거는 당시만큼이나 오늘날에도 해로운 것이다. 그와는 반대로, 돌봄의 많은 영역에서 노동에 대한 필요가 증가하고 있다. 유럽 인구는 고령화되고 있고, 많은 고령 인구는 생리적 욕구에 대해서는 돌봄을 잘 받고 있지만, 이들은 종종 심하게 외로우며, 노령층 돌봄에 종사하는 인력에게는 이들이 쇼핑할 때 같이 가거나 이들을 여가 활동에 데려갈 시간이 없다. 어린아이가 있는 가족은 심각한 스트레스를 받고 있어 지원이 필요하다. 예는 몇 배나 더 들 수 있다. 무조건보편기본소득이 시행된다면, 사람들은 그러한 영역에 더 많은 "일손"이 필요한데 왜 일할 수 있지만 일하지 않기로 선택한 사람들에게 임금을 지불해야 하는지 물을 것이다. 사람들은 나이 들고 쇠약한 자신의 어머니가 공원에 산책을 가는 것을 도울 사람이 없는데 왜 사파리에서 놀고 있는 누군가에게 월급을 지불해야 하는지 물을 것이다.

무조건기본소득 아이디어의 기본적 오류는 무조건성에 있다. 사람들이 다른 사람들의 복지를 위해 계속해서 세금을 내려면 몇 가지 조건이 충족되어야 한다. 그 가운데 하나가 호혜성 원리다. 사람들은 자신들이 할 수 있는 한 공동선에 생산적으로 기여한다. 복지국가의 주요 몸체는 이타주의가 아니라 호혜성 위에 세워졌다. 이 원리와 헤어지면 이러한 복지국가를 세운 광범위한 토대의 사회연대의 유형을 해체하는 것으로 이어질 것이 십중팔구다.

16. 무조건기본소득이란 무엇인가? 로트슈타인에 대한 응답

말콤 토리 (2017년 12월 11일)

앞 장에서 보 로트슈타인은 "유급 일자리를 가질 필요에서 벗어나게 하는 기본소득을 받을 자격이 시민 누구나 있을 것이라는 것"이라는 "무조건보편기본소득"의 정의에서 출발한다. 그리고는 기본소득의 수준이 매달 800파운드일 것이라는 점과 "유급 노동을 통해서는 스스로를 부양할 수 없는 사람들에게 해당되는 자산 심사가 따르는 모든 프로그램이 철폐될 수 있다"라는 점을 세부 사항으로 덧붙인다.

로트슈타인은 올바르게도 그러한 개혁이 지닌 유리한 점을 다음과 같이 본다. "고용주들로 하여금 더 수용할 만하고 품위를 덜 떨어뜨리는 유형의 일을 만들어 내지 않으면 안 되게 할 것인데, 왜냐하면 사람들은 자기가 생각하기에 만족스럽지 못한 일자리를 받아들이지 않을 것이기 때문이다. 제창자들에 따르면, 사람들로 하여금 유급 일자리를 가져야 한다는 강압에서 벗어나게 한다는 것은 자원봉사/시민사회 부문과 문화생활을 강화한다는 것을 의미하기도 한다." 그는 마찬가지로 올바르게도 불리한 점을 다음과 같이 본다. "지속 불가능할 정도로 돈이 많이 들 것이며, 따라서 건강관리, 교육, 노년층 돌봄 등과 같은 공공서비스의 질을 유지할 국가의 능력을 위태롭게 할 것이다." 그리고 정치적 적법성을 잃을 것이고, "일할 수 있"는 사람이 "일하지 않기로 선택[하려]"할 것이라고 말한다.

로트슈타인의 평결은 이렇다. "무조건기본소득 아이디어의 기본적 오류는 무조건성에 있"는데, 왜냐하면 그것이 "호혜성 원리"를 위협하기 때문이고, "이 원리와 헤어지면 복지국가를 세운 광범위한 토대의 사회연대의 유형을 해체하는 것으로 이어질 것이 십중팔구"이기 때문이다.

아이디어 정의하기

그렇지 않다. 로트슈타인이 자신의 글에서 논의하는 무조건기본소득의 주된 문제는 무조건성이 아니다. 문제는 세부 사항이고 결함이 있는 정의다.

기본소득지구네트워크가 제시하는 기본소득(보편기본소득, 시민소득, 또는 시민기본소득이라고도 불린다)의 정의는 "자산 심사나 일이라는 요구 없이 개인을 토대로 모두에게 전달되는 정기적인 현금 지급"이다. 영국의 시민기본소득트러스트가 제시하는 정의는 "개인 누구에게나 지급되는 무조건적이고 자격이 박탈되지 않는 소득"이다.

합의된 것 — 그런데 결국 합의란 정의에 관한 것이다 — 은 무조건기본소득이란 개인 누구에게나 지급되는 무조건적 소득이라는 것이다. 이 정의는 특정한 액수를 뜻하지도 않고, 자산 심사가 따르는 수당이 폐지될 것임을 뜻하지도 않으며, 무조건기본소득이 사람들을 유급 취업에서 벗어나게 할 것임을 뜻하지도 않는다.

그렇다면 개인 누구에게나 매달 800파운드를 지급하고 자산 심사가 따르는 수당을 폐지하는 무조건기본소득 계획안 대신에, 개인 누구에게나 매달 264파운드(아동, 청소년, 노년에게 각각 다른 액수)를 지급하면서 자산 심사가 따르는 수당은 그대로 둔 채 이제는 무조건기본소득을 받게 되는 가구 구성원을 토대로 수당을 다시 계산하기로 하자. 이런 식의 영국 형 무조건기본소득에 맞는 재원 마련 방법을 정하지 않은 채로 둔 로트슈타인과는 달리, 우리는 '소득세 인적 공제'와 '국민보험 기여금 순소득 면세점'을 폐지하여 (따라서 모든 근로소득에 소득세와 국민보험 기여금을 부과하여) 기본소득의 재원을 마련하기로 하고, 모든 근로소득에 (현행 12%와 2%라는 이중 구조가 아니라) 일률적으로 12%로 국민보험 기여금을 적용하고, 소득세는 3%만 인상하기로 하자.

가외 비용 제로

에식스대학 사회경제조사연구소가 발간한 연구에 따르면, 이런 무조건기본소득 계획안의 효과는 로트슈타인의 구상의 효과와는 흥미를 끌 만큼 다를 것이다. 이 계획안은 "지속 불가능할 정도로 돈이 많이" 들기는커녕, 추가적 공공지출을 요구하지 않을 것이며, 따라서 공공서비스 지출에 영향을 미치지 않을 것이다. 로트슈타인은 자신의 계획안이 저소득 가구에 심각한 손실을 입히지 않을 것이라는 점을 보여 줄 수 없다. 우리의 대안적 계획안은 이런 가구들에 심각한 손실을 입히지 않을 것이며, 가구 일반에 손실을 거의 입히지 않을 것이며, 많은 가구를 자산 심사가 따르는 우리의 기존의 수당 일부에서 벗어나게 할 것이다. 로트슈타인은 자신의 계획안이 가처분 소득을 어떻게 재분배하는지, 또는 빈곤이나 불평등 지수에 어떤 영향을 미치는지 말할 수 없다. 우리의 대안적 기획안은 부자에게서 빈민으로 재분배할 것이며, 모든 빈곤 지수를 줄일 것이며, 불평등을 상당히 줄일 것이다. 로트슈타인은 우리에게 자신의 계획안이 직업을 구하려는 인센티브를 줄일 것이라고 말한다. 우리의 대안적 계획안은 몇몇 중요한 한계공제율(추가 근로소득이 과세나 자산 심사가 따르는 수당의 박탈로 인해 감소하는 비율)을 줄일 것이고, 따라서 고용, 자영, 소규모 창업에 인센티브를 제공할 것이다.

이 계획안은 우리 사회가 세워진 호혜성에 손상을 가하기는커녕 그 호혜성을 제고할 것이다. 그리고 이 대안적 계획안은 로트슈타인이 언급하는 유리한 점을 잃지 않을 것이다. 무언가를 세울 안전한 금융 플랫폼이 누구에게나 있을 것이기 때문에, 무조건기본소득은 로트슈타인의 계획안과 마찬가지로 노동자들에게 자신이 원하는 직업 또는 자영업을 찾을 수 있는 더 큰 능력을 줄 것이며, 따라서 고용주들이 노동자를 끌어들이기 위해 더 나은 일자리를 제공하도록 장려할 것이다. 그리고 이 무조건기본소득은 각 가구에게 고용 패턴과 관련하여 선택의 여지를 더 많이 줄 것이기 때문에 돌봄과 공동체 활동 모두를 더욱 장려할 것이다.

많은 계획안 가운데 하나

구별이 중요하다. 언제나 보편기본소득은 자산 심사나 일 심사 없이 개인 모두에게 지급되는 무조건적 소득이다. 보편기본소득 계획안은 각 연령 집단에게 지급되는 무조건기본소득의 시세와 재원 마련 메커니즘을 명기하고 있다. 가능한 무조건기본소득 계획안은 많이 있다. 로트슈타인이 올바르게 제언하듯이, 그가 선택한 계획안에는 불리한 점이 많다. 내가 앞서 보여 준 것처럼, 대안적 계획안은 이러한 불리한 점을 드러내지 않을지도 모르고 여러 추가적인 유리한 점을 제공할지도 모른다.

무조건기본소득 논쟁이 점차 주류 내에서 벌어지는 것이 중요하다. 따라서 논쟁이 합리적으로 벌어지는 것에 사활이 걸려 있다. 합리성은 정의와 세부 사항에 주의를 기울일 것을 요구한다. 그래서 정의와 세부 사항이 문제다.

역자 후기

한국에서 벌어진 기본소득 논쟁(?)

'기본소득은 좌도 아니고 우도 아니다'라는 말은 사실 반만 맞는 말이다. 구체제의 붕괴 속에서 근대사회가 나아가야 할 방향을 둘러싸고 행동과 논의가 벌어졌던 프랑스혁명 시기에 기본소득 아이디어는 주류적 흐름에 사선으로 개입하는 방식으로 제기되었다는 점에서 좌도 아니고 우도 아니라고 할 수 있다. 하지만 기본소득을 대안으로 제시한 사람들은 언제나 정치적 스펙트럼 속에 있었다. 1960년대 이전까지는, 노골적인 우파는 없었지만 좌파에서 자유주의까지 그 시대의 정치적 경향의 거의 모든 곳에서 기본소득 지지자를 찾아볼 수 있다.

이렇게 볼 때 이 책의 제목인 "기본소득과 좌파"는 모호하면서도 현실적이다. 모호하다는 것은 정치적 스펙트럼의 모든 위치에서 기본소득에 대한 찬성과 반대를 찾아볼 수 있기 때문에 기본소득과 좌파를 대당으로 놓는 것이 현실을 흐릿하게 만든다는 것이다. 현실적이라 함은 기본소득에 대한 의미 있고 현실적인 비판을 내놓고 있는 분파를 "좌파"라는 이름으로 내세우고 있다는 것이다. 그것은 보통

사회민주주의 혹은 사회민주주의 좌파라고 부르는 세력이다.

이런 이유로 이 책에서 제기된 기본소득에 대한 비판은 강건한 노동윤리, 평등에 대한 추구, 보편적 복지국가에 대한 열망과 방어, 기술적 변화와 관련된 계급 관계, 특히 정치의 중요성 등에 기반하여 기본소득이 이에 반하는 아이디어라는 논지를 펼치고 있다. 물론 이들이 제시하는 대안이 자신들의 목표를 달성할 수 있는지는 별개의 문제다.

유럽에서 있었던 논쟁에 비추어볼 때 한국에서는 정치적, 이론적 지형이라는 면에서 이에 해당하는 논쟁이 있다고 보기는 어렵다. 가장 커다란 차이는 분단, 한국전쟁, 냉전 속에서 한국이 지닌 정치적 지형이다. 보통 '왼쪽이 비어 있는 정치 지형' 혹은 '기울어진 운동장' 같은 표현에서 알 수 있듯이 한국 정치에서는 좌파가 부재했다. 물론 더 정확하게 말하면, 일부 좌파는 적외선처럼 스펙트럼 바깥으로 밀려났고 일부 좌파는 자유주의자나 중도파 속에서 공생했다. 그나마 2004년 민주노동당 창당으로 정의당까지 이어지는 (중도)좌파 원내정당이 존재하게 되었다.

이렇게 지형도는 다르지만 논쟁의 인식론적, 이론적 지반이라는 면에서는 유럽의 논쟁과 한국의 논쟁은 그리 다르지 않다. 그 인식론적, 이론적 지반은 개인에 기반한 노동-소유/능력-성취라는 파라미터다. 이런 판단은 자유주의와 맑스주의가 공유하는 공통의 지반이 있다는 세계체제론자 월러스틴의 주장과 닿아 있는 면이 있다. 그것은 인간의 노동에 의한 가치 생산이다. 다만 노동과 자본의 관계에서 그 정당한 몫이 적절하게 분배되는가가 다른 점이다. 물론 맑스주의를 포함한 좌파 내부에도 차이가 있다. 계급 적대가 근본적인 것인지 그렇지 않을 수 있는지.

이제는 많이 알려져 있는 것처럼, 기본소득이 한국에서 그래도 대중적인 수준에서 알려진 것은 2007년 대선 때다. 당시 한국사회당 금민 후보는 "사회적 공화주의"의 맥락에서 보편적, 적극적 복지 실현을 위한 정책의 일환으로 "국민기본소득제"를 공약으로 내걸었다. 하지만 당시 이 공약이 그저 알려진 것에 불과했다는 점은 여기에 시비를 건 사람이 별로 없었다는 것에서 알 수 있다. 당시 한국 사회는 여전히 성장주의가 지배하고 있었고, 노동계는 신자유주의 하에서 진행된 유연화와 외주화에 맞서는 방어 투쟁의 지평을 벗어나지 못하고 있었다. 이런 상황에서 모두에게 아무런 조건 없이 개별적으로 지급하는 기본소득은 헛소리이거나 좋게 봐야 유토피아일 뿐이었다. 북극성 같은 유토피아 말이다.

헛소리이거나 말 뜻 그대로의 의미에서 유토피아였던 기본소득이 창 밖에 있는 어떤 것으로 다가온 것은 2008년 경제위기 속에서였다. 2008년 경제위기는 "대침체Great Recession"라는 말에서 알 수 있듯이 오직 1929년 "대공황Great Depression"과만 비교될 정도로 심대했다는 점에서 충격적이었다. 하지만 더 큰 충격은 이에 대한 변명과 항의만 있었지 그 누구도 대안을 내놓지 못했다는 점이다.

이런 상황에서 기본소득이 필요하면서도 현실성 있는 대안으로 제기되기 시작했다. 한국에서는 2010년 1월 서울에서 열린 기본소득 국제학술대회가 계기가 되었다. 이 국제학술대회에 당시 한국 사회에서 좌파로 분류되는 진영과 개인의 일부가 참여했다. 사회당, 민주노동당, 학계의 진보좌파 세력이 참여했던 것이다. 여기에 참여했던 사람들이 이후 일관되게 기본소득을 지지하거나 자신의 강령으로 내세운 것은 아니지만, 당시로서는 "노동자 해방", "사회주의", "급진적 변혁" 등의 말로 느슨하게 포괄할 수 있는 사람의 일부가 새로운 아이디어인 기본소득을 지지하거나 거기에 진지한 관심을 표명했다는 점에서 꽤나 의미 있는 일이었다.

이런 이유로 당시 일부 좌파는 기본소득 아이디어, 더 정확하게는 한국에서 기본소득을 지지하는 좌파 출신 사람들을 요란하게 비난해 대기도 하고 진지하게 문제 제기를 하기도 했다. 제2인터내셔널 시기의 팸플릿을 상기시키는 채만수의 글은 인용과 비난에 가까운 논평을 반복하고 있는 무례하고 재미없는 글이라, 자신이 정통 혁명파라는 점을 드러내는 것 이외에 무슨 말을 하고 싶은지 잘 모르겠는 글이다. 다만 한 가지는 분명한데, 이후 기본소득에 대한 이른바 좌파의 비판에서 빠지지 않고 등장하는 토픽으로 기본소득이 분배에만 초점을 맞추고 있을 뿐 생산양식 혹은 생산관계는 무시하고 있다는 것이다. 이로부터 당연히 따라 나오는 비판은 자본주의적 생산관계와 생산양식을 변혁하려고 하지 않는 소부르주아 개량주의라는 딱지다.

좀 더 차분하고 진지하게 기본소득과 그것을 둘러싼 논의에서 나오는 쟁점을 다루고자 하는 박석삼도 "과세와 분배 제도의 개선만으론 생산의 적대적 관계는 해결되지 않는다"라고 말함으로써 채만수가 제기한 논점을 반복한다. 하지만 두 가지 더 흥미로운 토픽을 다루는데, 하나는 노동해방이 무엇인가이며, 다른 하나는 시장과 상품 혹은 탈시장화와 탈상품화다. 박석삼이 이 두 가지 토픽에 대해 대단한 주장을 내세우는 것은 아니기에 그 자체로 소개할 필요는 없지만, 이후 기본소득 논의에서 중요한 토픽을 제기한 것은 사실이다. 인간에게 노동이 지니는 의미, 자본주의 하에서 고용 노동과 (가사 노동과 같은) 무상 노동의 의미와 역할, 자본주의와 시장의 관계, 미래 사회에서 (화폐와 더불어) 시장의 유무와 역할 등등.

기본소득을 "대안 사회로 나아가기 위한 디딤돌"이 될 수 있는가라는 질문 속에서 다루고 있는 배성인의 글은 기본소득과 관련해서 좀 더 현실적인 토픽 두 가지를 제기했다는 점에서 의미가 있다. 하나는 재원의 문제다. 어느 정도의 금액을 주어야 하는지, 그리고 재원은 어디서 어떻게 오는지. 다른 하나는 추진 전략과 경로라는 토픽이다. 정책과 제도가 백지상태에서 도입되는 게 아니라면 현행 제도의 통폐합 등이 이루어지는 과도기가 필요하다는 것은 당연한 일이며, 여기에는 설계도가 필요하다. 하지만 이는 정치적 과정이기에 전략 또한 필요할 것이다.

2010년 1월 기본소득 국제학술대회는 이후 기본소득 운동의 중심이 될 기본소득한국네트워크가 그 나름의 꼴을 갖추었다는 점에서, 그리고 기본소득을 둘러싼 몇 가지 의미 있는 쟁점이 제기되는 계기가 되었다는 점에서 하나의 분기점이었다. 하지만 기본소득이 이론적으로나 현실적으로 의미 있는 토론의 대상이 되지는 못했다. 그것은 한국 사회의 개혁 혹은 변혁을 둘러싼 쟁점을 다루는 파라미터가 노동을 중심으로 이루어졌기 때문이다. 한쪽에서는 경제성장을 가능하게 하기 위한 혁신의 기초로서 노동의 유연화(사실은 노동 비용의 축소)를 계속해서 추구하고 있었고, 이에 맞서는 쪽에서는 "비정규직 철폐"라는 말에서 알 수 있듯이 고용안정을 가장 중요한 과제로 내세우고 있었다. 이런 상황에서 무조건기본소득은 여전히 진기한 아이디어였다. 이런 이유로 기본소득에 관한 논의는 기본소득 지지 진영 내부의 가상훈련과 같은 것이었다.

기본소득이 여러 차원의 의제로 주목받기 시작한 것은 2016년의 일이다. 그해 3월 알파고와 이세돌의 대결은 몇 년 전부터 이야기되던 기술변화에 따른 인간 일자리의 감소와 소멸에 대한 전망을 대중적인 수준에서 확인하는 사건이었다. 이런 비관적 전망 속에서 아무런 조건 없이 모두에게 지급되는 기본소득에 대한 관심이 생긴 것은 어쩌면 당연한 일이었다. 물론 여기에는 일찍부터 기본소득에 대한 관심과 지지를 표명한 실리콘밸리 셀럽들의 영향도 있었다. 여기에 더해 해외에서 들어온 두 가지 소식이 기본소득으로 사람들의 눈길을 돌리게 했다. 하나는 핀란드의 기본소득 실험이며, 다른 하나는 스위스 국민투표였다. 전자는 복지국가의 개혁이라는 맥락에서, 후자는 시민의 권리로서의 기본소득에 대한 찬반 투표라는 점에서 주목을 끌었다.

국내에서는 그해 7월 기본소득지구네트워크 대회가 상당한 규모로 열렸고, 당시 민주당 김종인 비상대책위원장이 기본소득에 대한 관심을 표명했다. 여기에 더해 이재명 성남시장이 기본소득 원리에 따라 성남시의 24세 청년에게 청년배당을 실시함으로써 기본소득은 좀 더 현실적인 정책으로 다가오게 되었다.

하지만 기본소득에 대한 이런 관심의 폭발이 있기 전에 총선을 앞두고 이른바 좌파 일부에서 소소한 논쟁이 벌어졌다. 2012년 진보신당과 사회당이 합당한 이후 강령과 당명을 둘러싼 논쟁이 있었고, 2013년 당명이 노동당으로 바뀌었다. 2016년 총선을 앞두고 노동당은 기본소득을 체제 전환의 주요한 요소로 포함하는 일종의 패키지 정책을 제출했다. 그것은 '기본소득 + 노동시간 단축 + 최저임금 인상'이었다. 최저임금 인상을 통해 기본소득이 기업 보조금으로 전락하는 것을 막는 한편 노동시간 단축을 통한 일자리 나누기가 노동자의 연대를 강화할 수 있다고 전제하는 이 정책 삼각형의 밑변을 이루는 것이 기본소득이었다. 이에 대해 노동당 내 일부가 일종의 최대 강령인 사회주의의 지평에서 비판을 가했다. 그 핵심은 기본소득은 생산수단의 사회화(?)와 무관하다, 기본소득은 복지를 시장화한다, 기본소득은 노동 없는 노동 해방이다 등이다. 여기에 더해, 기본소득이 자본에 대한 노동자의 협상력을 강화할 것이라는 전망도 근거가 별로 없다고 말한다.

기본소득이 생산수단의 사회화와 무관하다는 비판은 앞서도 보았듯이 이른바 정통 좌파가 기본소득에 대해 가하는 거의 최종 심급의 비판이다. 그리고 다 알다시피 기본소득에 대한 다양한 판본이 있기 때문에 일부에게는 적합한 비판일 수도 있다. 하지만 사회주의와 기본소득이 관계가 없다는 비판은 사회주의를 어떻게 보는지, 그리고 사회주의로의 이행에서 기본소득이 어떤 역할을 할 수 있는지, 두 가지 점에서 모두 검토한 이후에야 내릴 수 있는 결론이다.

일단 생산수단의 사회화와 관련해서 보자면, 원형적 기본소득을 제시한 토머스 페인의 이중적 소유권 논변에 따르면 토지를 포함한 생산수단의 일부(!)는 모두의 소유일 수밖에 없다. 물론 분할할 수 없는 이중적 소유권의 실제 운영 방식이 어떻게 될 것인지는 남는 문제다. 페인에서 허버트 사이먼을 거쳐 토마 피케티까지 내려오는 전통에 따라 상속세와 소득세를 통해 지속적으로 그 수익을 사회로 환원할 것인지, 아니면 토머스 페인에게 좀 더 급진적인 관점에서 비판을 가한 동시대인 토머스 스펜스처럼 이중적 소유권 전체를 모두의 소유로 하고 임대 방식으로 운영할 것인지, 제임스 미드처럼 지분권을 가지고 배당을 받을 것인지 등등이 우리 앞에 놓인 선택지 가운데 있다.

기본소득이 복지를 시장화할 것이라는 비판은 이후에도 반복될 주제다. 미국이나 독일의 일부 우파 기본소득론자들이 이런 주장을 했기 때문에 불가피하게 기본소득 지지자 모두가 부당한 대우를 받게 된 셈이지만, 여기서도 피할 수 없는 쟁점이 있다. 그것은 시장과 화폐의 문제다. 기본소득을 지지하는 좌파는 한편으로는 사회서비스의 강화를 주장하지만 다른 한편으로는 개인의 선택의 자유를 옹호하기도 한다. 문제는 어떤 것은 (현물과) 서비스로 제공하고 어떤 것은 현금을 통해 시장에서 교환으로 획득하는 것이 사태 합리적인지, 그리고 시장이 경제적 불평등을 낳지 않게 하는 방법은 무엇인지다. 확정적이지는 않지만, 그간의 경험을 통해 우리는 교육과 의료가 강화되어야 할 서비스의 영역에 속한다는 것, 주거는 어떤 방식으로든 보장되어야 한다는 것을 알고 있다. 물론 이 문제 또한 정치적, 사회적으로 결정되어야 할 것이긴 하다. 다만 한 가지 분명한 것은 기본소득이 다른 어떤 정책과 어떻게 결합되느냐에 따라 상당히 다른 효과를 가져올 수 있다는 것이며, 이런 점에서 기본소득은 그 자체로도 의미가 있지만 적절한 위치를 잡아야 하는 하나의 정책이기도 하다.

기본소득을 둘러싼 좀 더 현실적인 논쟁은 2016년 가을에 시작된 탄핵 국면 이후에 맞이한 대통령 선거 국면에서 벌어졌다. 경선이 곧 결승전일 수 있었던 2017년 대통령 선거에 뛰어든 당시 야권의 대부분의 후보는 어떤 식으로든 기본소득을 지지하거나 기본소득에 관심을 표명했다. 이렇게 된 배경에는 2008년 경제위기를 거치면서 그동안의 신자유주의적 노동정책/경제정책에 대해 이루어진 재평가가 있었다. 신자유주의는 공급 측면 정책을 경제정책으로 내세웠고, 낙수효과를 대중 설득의 담론으로 삼았다. 이에 반해 새로운 노동정책/경제정책은 "임금 주도 성장"이라는 말에서 알 수 있듯이 수요 측면을 강조하는 케인스주의적 경향이었다. 이후 한국에서는 임금 주도 성장이 소득 주도 성장이라는 모호하고 포괄적인 말로 변형되긴 하지만, 당시로서는 어찌되었든 대중의 소득 보장이라는 말로 이해되었다. 여기에 더해 김대중 정부 시절부터 본격적으로 하나의 경로를 잡은 한국 복지국가에 대한 열망이 있다. 비록 신자유주의의 발흥과 복지의 확대가 함께 가는 독특한 궤적을 그렸다는 점에서 한국 복지국가의 특유성이 있긴 하지만, 그 밑바탕에는 권리로서의 민주주의라는 대중의 열망이 있었다고 할 수 있다. 이러한 열망이 대중적인 수준에서 표현된 것이 2010년 무상급식 논쟁이며, 정치권은 고령화라는 사회적 변화 속에서 이런 열망에 대해 2012년 대통령 선거에서 기초연금으로 응답했다. 2017년 대통령 선거에서 모든 후보는 이런 흐름을 무시할 수 없었다.

2017년 대통령 선거 과정에서 온전한 의미의 기본소득이라고 할 수 있는 정책을 제시한 사람은 당시 성남시장이던 이재명 후보밖에 없었다. 그는 '국토보유세 + 기본소득'을 자신이 기본소득 정책이라고 이름 붙인 여러 정책 가운데 하나로 제시했다. 그의 그 밖의 기본소득 정책과 다른 후보들의 정책은 특정 인구 집단에 한정하는 범주형 기본소득이라고 부를 수 있는 것이었다. 그럼에도 이들이 기본소득이라는 명칭으로 자신들의 정책을 설명한 것은 잔여적 성격이 강한 기존 복지제도를 넘어서는 '보편적' 복지에 대한 대중의 열망을 표현한 것이라고 보아야 할 것이다.

기본소득이 현실 정치의 정책 테이블에 올라오자 이에 대한 현실적 비판도 시작되었다. 기본소득에 대한 대표적인 비판론자는 복지국가소사이어티의 이상이 대표와 연세대 양재진 교수다. 이상이 대표는 "역동적 복지국가 건설"이라는 맥락에서, 양재진 교수는 "전통적 복지국가론"이라고 부를 만한 관점에서 기본소득을 비판하고 있기에 각자가 가진 지향은 조금 다르다고 할 수 있다. 하지만 '기본소득 대 복지국가'라는 허구적 대당 속에서는 공유하는 지점이 있다. 1) 노동, 특히 고용 노동의 중심성 혹은 우선성이라고 부를 수 있는 것으로, 어떤 복지국가를 지향하든 완전고용을 목표이자 기반으로 보고 있다는 점, 2) 기본소득은 예산이 너무 많이 드는 것에 비해 그 효과는 떨어진다는 점, 3) 기본소득을 실시할 경우 다른 사회보장제도를 몰아낼 수 있다는 점 등이다.

첫 번째 쟁점은 또 다른 두 가지 쟁점을 파생시킨다. 하나는 현재 벌어지고 있는 기술변화, 즉 제4차 산업혁명이라고 부르는 사태가 인간의 일자리를 축소 혹은 소멸시킬 가능성을 둘러싼 논의이며, 다른 하나는 고용 노동이 바람직한 삶의 형식인지라는 논의다. 기술변화와 일자리의 미래에 관한 예측이나 전망은 크게 보아 기술변화가 인간의 일자리를 축소할 것이라는 '비관적' 전망과 기존의 일자리가 사라져도 새로운 일자리가 만들어질 것이라는 '낙관적' 전망으로 나뉜다. 이런 차이에는 그저 기술이 일자리를 소멸시키는지 아니면 새로운 일자리를 만드는지라는 문제를 넘어서서 고용 노동에 대한 태도와 윤리까지를 포함하고 있으며, 실제 사태는 계급 간의 힘 관계에 의해 결정된다는 관점도 들어 있다. 마지막으로 과거의 기술변화가 새로운 일자리를 늘린 것은 사실이지만 이는 전반적인 경제성장과 함께 이루어진 일이었다. 그런데 기후변화에 맞서 생태적 전환을 이루는 것이 무엇보다 시급한 과제라 할 때, 양적 성장을 통한 일자리 확대는 바람직한 일이 아니라 할 수 있다. 물론 돌봄 노동으로 대표되는 '비물질적 노동' 혹은 서비스의 확대는 꼭 필요한 일이라 할 때, 이런 의미에서는 새로운 일자리 창출이 중요한 일이라 할 수 있다.

다시 돌아가서 고용 노동의 축소 또는 확대의 문제는 삶의 형식으로서의 고용 노동에 우리가 부여하는 가치와 뗄 수 없는 관계에 있다. 고용 노동이 타인에게 종속된 노동이라는 것, 근대 이전에는 피할 수만 있다면 피하려 했던 저급한 인간 활동이었다는 것은 분명하다. 문제는 근대 자본주의사회에서 고용 노동이 그렇게 중요한 위치를 차지하게 된 이유다. 대다수는 고용 노동 이외에 다른 생계 방식이 없는 자본주의사회에서 고용 노동은 정치적, 경제적, 사회적 지위를 결정하는 가장 중요한 요인이 되었다. 역사적으로 보면 1848년 혁명을 전후해서 자본주의의 '게임의 법칙'을 받아들인 노동자운동이 이런 변화를 추동한 하나의 힘이기도 했다. 자본주의 시장경제의 확산을 불가피한 추세로 받아들인 일부 노동자는 과거 장인의 세계로 돌아가는 것을 포기하고 체제 내에서 존중받을 만한 지위를 추구하기로 한다. 이는 장기적으로 노동귀족 문제, 노동자운동의 개량화 등 급진적 관점에서 보았을 때 까다로운 문제가 된 노동자 내부의 분할을 알리는 일이었다. 하지만 이는 살아 있는 노동을 이용[착취]해야 하는 자본가가 구성한 '노동윤리'의 문제이기도 하다. 자신의 삶을 스스로 꾸리고 이를 통해 (가족을 부양하고) 사회의 구성원으로서 어떤 몫을 한다는 노동윤리로 인해, 종속된 고용 노동이라는 위치가 자립적인 사회구성원의 조건이 되는 아이러니가 생긴 것이다. 필연의 영역인 고된 노동이 인간의 조건일 수는 있지만 전부는 물론 아니고, 노동이 인간의 삶을 규정할 정도로 큰 의미를 가지도록 하는 것은 대다수의 삶을 고대 그리스인들이 경멸해마지 않았던 노예의 삶으로 저하시키는 일이다. 따라서 기술변화와 일자리 전망은 무엇보다 더 나은 삶의 맥락에서 논의되어야 할 것이다. 이때 기본소득이 사실상 강제 노동인 고용 노동이 아닌 다른 활동을 선택할 수 있게 하는 토대가 된다면, 기본소득은 인간 해방에서 중요한 디딤돌이 될 수 있을 것이다.

기본소득은 예산이 많이 드는 데 비해 그 효과는 떨어진다는 주장은 둘로 나누어 검토해야 한다. 하나는 기본소득이 실제로 예산이 많이 드는 게 아니라는 점이다. 기본소득 재원을 조세로 하건 공유지 분권 배당으로 하건 국가나 정부가 하는 일은 구성원 사이에서 돈을 거둬 그대로 (재)분배하는 것뿐이다. 다른 하나는 기본소득 실시가 가져올 수 있는 효과를 무엇으로 보는가에 따라 그 효과를 따지는 게 달라질 수 있다는 점이다. 다시 말해 기본소득은 무엇을 위한 것인가? 기본소득 지지자들은 기본소득이 권리라고 말한다. 이때 권리는 공유부에 대해 모두가 가지고 있는 몫에 대한 권리다. 이렇게 본다면 기본소득이 빈곤 완화에 도움이 되는지, 사회적 불평등 완화를 가져오는지 하는 식의 질문은 기본소득과 직접적으로 연관되는 것은 아니다.

그럼에도 기본소득에는 '기본'이란 말이 들어 있다. '기본'을 일차적으로는 누구나 누리는 권리로 이해할 수 있다. 이 경우에는 공유부에 대해 모두가 가지고 있는 몫에 대한 권리와 다르지 않다. 하지만 인간의 삶에는 역사적, 사회적으로 필요한 최소한이라는 것이 있다고 할 때, 기본은 모두가 제대로 된 삶을 누릴 수 있는 물질적 토대를 의미할 수밖에 없다. 그렇다면 모두가 이런 기본을 누릴 수 있기 위해서 우리가 질문해야 할 것은 이런 재화와 서비스의 총량을 어떤 방식으로 마련하고 분배할 것인지이며, 이는 지금의 경제체제와는 다른 체제를 그리는 일이 될 것이다.

이 문제는 기본소득에 대한 세 번째 비판, 즉 기본소득이 다른 사회보장제도를 몰아낼 것이라는 예단에 대한 즉각적인 대답이 된다. 기본소득이 다른 사회보장제도를 몰아낼 것이라는 주장은 예산 제약이라는 전제 위에서 나온 것이다. 체제의 전환을 사고하지 않고 점진적인 복지 확대를 구상할 경우 있을 법한 사고방식이다. 하지만 앞서 말했듯이 모두가 제대로 된 삶을 살 수 있는 토대를 마련한다고 생각하면, 우리는 체제 전환을 사고해야 하며, 새로운 체제에서 삶의 토대를 어떤 형태로 제공해야 하는지는 사태 합리성에 따르는 일이 될 것이다. 다시 말해 현물과 서비스로 제공할 것과 현금으로 제공할 것을 적절하게 구분하는 일이 될 것이다.

2017년 대통령 선거 시기에 현실적인 차원에서 시작된 기본소득 논쟁은 2020년 코로나19 위기를 거치면서 또 다시 현실적인 차원에서 이루어지고 있다. 그런데 시간이 흘렀음에도, 그리고 코로나19

같은 심각한 위기를 겪고 있음에도, 기본소득 반대론자들이 제기하는 질문과 그 정치적, 인식론적 기반은 별로 달라지지 않았다. 예산이 제약되어 있기 때문에 기본소득보다는 다른 사회보장이 우선이며, 기본소득이 다른 복지제도를 몰아낼 것이며, 소득 재분배 효과가 적다 등등. 차이가 있다면 플랫폼 자본주의의 발흥과 코로나19 위기를 거치면서 우리가 목격하고 있는 소득의 불안정, 단절, 축소, 소멸 등에 대해 고용보험을 확대하는 방식으로 대응해야 한다는 구체적인 정책 제안이 나왔다는 것이다. 고용보험의 확대와 기본소득을 대립시키는, 말 그대로 불합리한 논의 자체는 문제이지만, 과거의 전일제 완전고용을 정상 상태로 상정한 복지국가 구상의 진화라는 점에서 고용보험 확대 논의는 환영할 만한 일이라 할 수 있다. 하루아침에 체제 전환이 이루어지지 않는다고 할 때 '노동하는 사람들'의 삶을 지킬 수 있는 방책이 필요하기 때문이다.

하지만 기본소득만큼이나 오래된 기초자산이 한국에서는 새롭게 제안된 것이 지금 국면의 특이성이라 할 수 있다. 이 배경에는 무엇보다 극심한 사회적 불평등과 양극화가 있다. 사실 원형적 기본소득 아이디어를 제출한 토머스 페인의 원래 구상은 '기초자산 + 기본소득'이라 할 수 있다. 그는 21세에 도달한 남녀에게 자영농으로서 삶을 꾸려나갈 수 있는 자산으로 15파운드를 일시금으로 주자고 제안했고, 50세 이상에게는 매년 10파운드를 지급하자고 말했다. 그 이후에도 여러 논자가 기초자산을 주장했는데, 그 목표는 실질적인 기회의 평등을 모든 개인에게 보장하는 것부터 적절한 규모의 자산 혹은 자본으로 개인에게 독립성을 보장한다는 것까지 걸쳐 있다. 한국의 경우 정의당에서 제안하는 (사용에서 제약이 매우 크고 액수는 매우 적은) 기초자산은 실질적 기회의 평등을 주자는 제안이며, 협동조합 지분으로만 사용할 수 있도록 하는 김종철 교수의 제안은 독립성과 직접적 생산자의 지위를 동시에 주고자 하는 고유하게 급진적인 제안이다.

기본소득과 마찬가지로 기초자산도 공유부에 대한 몫이라는 점에서 같은 뿌리에서 나왔다고 할 수 있다. 차이가 있다면 좋은 사회를 구성하고 운영하는 원리에 있을 것이다. 이를 둘러싼 논쟁은 이제 시작될 참인데, 이는 기본소득이냐 기초자산이냐를 넘어서 체제 전환 논쟁으로 이어져야 할 것이다.

프랑스혁명 시기에 탄생한 "좌파"라는 말은 사실 위치를 가리키는 말에 불과할 수 있다. 하지만 그 위치, 다시 말해 우파가 아니라는, 우파와 대결한다는 점에서 그 고유성이 나온다. 그 고유성은 뿌리로 내려갈 경우 인간의 절대적 평등에 대한 믿음이며, 정세적으로는 가장 급진적인 것이 가장 현실적이라는 태도다. 차별에 기초한 새로운 신분제 사회의 도래를 목도하고 있는 오늘날, 그리고 인류의 생존 자체를 위협할 수 있는 다중적 위기의 시대에, 이런 의미의 좌파는 역사적 시간을 마주하고 있다. 기본소득은 모두가 가지고 있는 몫이라는 점에서 절대적 평등의 기초를 제공하며, 개인들에게 힘을 준다는 (empower) 의미에서 다중적 위기를 넘어설 수 있는 개인적, 집단적 역량을 부여할 수 있다. 그렇다면 가장 근본적이면서 가장 급진적인 좌파가 기본소득을 두려워할 이유는 없을 것이다. 이렇게 보면 기본소득과 좌파는 병렬시킬 문구가 아니라 결합시켜야 할 어떤 것이다.

참고문헌

기본소득한국네트워크 (2020). 계간 『기본소득』, 여름호.
김교성, 백승호, 서정희, 이승윤 (2018). 『기본소득이 온다: 분배에 대한 새로운 상상』, 사회평론.

김종철 (2020).『기본소득은 틀렸다 대안은 기본자산제다』, 개마고원.

박석삼 (2010).「기본소득을 둘러싼 쟁점과 비판」,『노동사회과학』, 제3호.

배성인 (2010).「기본소득에 대한 비판적 단상」,『진보평론』제45호.

백승호, 이승윤 (2018).「기본소득 논쟁 제대로 하기」,『한국사회정책』제25호.

안효상 (2017).「서양의 기본소득 논의 궤적과 국내 전망」,『역사비평』제120호.

양재진 (2020).『복지의 원리』, 한겨레출판.

채만수 (2010).「과학에서 몽상으로 사회주의의 발전, 발전, 발전!」,『정세와 노동』제54호.

필리프 판 파레이스

루뱅대학 명예교수, 유럽대학연구소(플로렌스) 로베르 슈망 연구원, 너필드칼리지
(옥스퍼드) 연구원. 저서로『모두를 위한 실질적 자유Real Freedom for All』(1995)(조현
진 옮김,『모두에게 실질적 자유를 — 기본소득에 대한 철학적 옹호』, 후마니타스,
2016년),『기본소득Basic Income. A Radical Proposal for a Free Society and a Sane Economy』(2017)
(공저) (홍기빈 옮김,『21세기 기본소득 — 자유로운 사회, 합리적인 경제를 향한 거
대한 전환』, 흐름출판, 2018년) 등이 있다.

안효상

기본소득한국네트워크 상임이사. 저서로『미국은 어떻게 만들어졌을까?』,『세
계사 콘서트』,『기본소득운동의 세계적 현황과 전망』(공저),『2017 한국의 논
점 - 키워드로 읽는 한국의 쟁점 42』(공저) 등이 있으며,『대전환의 세기, 유럽
의 길을 묻다 - 유럽연합 이후의 유럽』(Perry Anderson, The New Old World,
2009),『기본소득 - 일과 삶의 새로운 패러다임』(Guy Standanding, Basic
Income, 2017) 등을 번역했다.

기본소득 총서 5

기본소득과 좌파 – 유럽에서 벌어진 논쟁

엮은이   필리프 판 파레이스
옮긴이   안효상
펴낸곳   박종철출판사

주소   경기도 고양시 덕양구 화중로104번길 28 (화정동, 씨네마플러스) 704호
전화   031.968.7635(편집) 031.969.7635(영업)
팩스   031.964.7635

초판 1쇄 2020년 12월 10일

값   12,000원

ISBN   978-89-85022-88-0 94330
        978-89-85022-55-2 94330(세트)